Reichel
Verlag

AF567619

Das Buch

Berührende Protokolle von Seelen im Jenseits, die teilweise seit langer Zeit in den Zwischenwelten ausharren. Da ist Peter, ein Hugenotte, der seinen Peinigern nicht vergeben kann oder Rosalie mit ihrem unehelichen ermordeten Kind. Gründe nicht ins Licht zu gehen gibt es viele: Liebe für Familienmitglieder, erlittene körperliche oder seelische Verletzungen, Reue, Unwissenheit über den Ist-Zustand und vieles mehr.
Erlösung finden diese Seelen durch Erkenntnis mit Hilfe der Erzengel und der medialen Autorin.

Die Autorin

Marianne Lüscher, Jahrgang 1959, geschieden, 3 Kinder, lebt in den Schweizer Bergen in einer abgelegenen Weidhütte im Naturpark Diemtigtal. Inmitten der Natur kann sie mit ihrem Talent als Medium den vielen erdgebundenen Seelen helfen, die sie aufsuchen.

Marianne Lüscher

Gefangen in den Zwischenwelten

Mit Engelhilfe Seelen befreien

Berührende Protokolle einer Seherin

93053 Regensburg
Tel: 09194-8900 – Fax: 4262
E-Mail: mail@reichel-verlag.de
www.reichel-verlag.de

Cover-Gestaltung: Christian Wolff

ISBN 978-3-946959-23-6

DANK an

Ätti, meinen Vater. Mit seiner eher harten Erziehung hat er mich zu dem gemacht, was ich heute bin: ein starker Mensch und Medium! Ich liebe dich sehr, Ätti. Danke für alles!

Dank an meine geliebte Mutter, mein Memeli. Sie gab mir die Tier-, Natur- und Menschenliebe und viel Mitgefühl mit allem, was ist, auf den Lebensweg. Sie ist in Gottesliebe eine wunderbar gesegnete Mutter! Ich liebe dich!

Dank an meiner Tochter Manuela mit ihrem Mann Thom und ihren beiden Söhnen Yanik und Livio, meiner Tochter Fabienne und ihrem Freund Yanick und meinem Sohn Gregory mit seiner Freundin Yana danke ich von Herzen für ihre Unterstützung, ihr Vertrauen und ihre Liebe zu mir!

Inhalt

Einleitung **11**

Die Arbeit als Medium **13**

Was sind gefangene oder erdgebundene Seelen und Besetzungen? **18**

Gründe für das Verharren in den Zwischenwelten 19

Gefangen in den Zwischenwelten **24**

Friedhofsbesuche, um erdgebundene Seelen zu befreien 25

Fremdenergien **28**

Geister, die ich rief, werd ich nun nicht mehr los 30

Gespräch mit Arthurs Seele und seiner noch lebenden Frau **32**

Liebeserklärung **38**

Ein Bi-Sexsüchtiger bereut **42**

Erlöst **47**

Besetzt 49

Tina 50

Waldgeister 53

Geister verletzen Pferde 54

Sämeli 56

Mehrere Geister in einer Wohnung 58

Drei Männerseelen in einer Alphütte 60

Das Porzellanpuppenbein – Weihnachten in einer Emmentaler Alphütte 63

Seelenbegegnungen um Weihnachten 71

Der Himmelstor-Hügel 73

Peterli 75
Reinigung eines Bauernhofs 75
Seelen-Reading mit einem Ehepaar 77
Gottfried, der Knecht 82
Paula mit vier Besetzungen 83
Gebet 85
Peters Schicksal, geb. 10.07.1888 86
Willi, der Atheist 88
Eine Vision, ein himmlischer Auftrag 90
Das Geheimnis der Rosalie Wenger, 19.07.1848 95
Gutsherrscherin im früheren Leben und ihre Besetzungen 98
Starker Geruch in meiner Wohnstube 109
Jetzt kommt Sepp 115
Bertha mit Baby 117
Horst, der verfolgte Hugenotte 121
August und der Fluch 123
Vampire 126
Kontakt mit Elisie 129
Meine geliebten Zwerge 135
Meine Hütte und die Zwerge 140
Tierkommunikation 144
Alter Hund 145
Timber 146
Pfeifentabakgeruch 147
Ein Engel meldet sich 153

Einleitung

Frage an meine Geistführer: „Gibt es auf der Himmelsleiter Stufen, die ein Mensch meistern muss damit er Meister/in wird?"

„Nein, es sind immer die Erfahrungen und das Erkennen, das uns in die göttliche Liebe führt, um den anderen zu helfen, sich weiterzuentwickeln.

Denn alle sind wir EINS! Wir sind alle Gottes Geschöpfe.

Haben wir begriffen, dass wir ALLE EINS sind und die Liebe das Größte ist, dann sind wir Meister und können der Bewusstwerdung ALLER, also der gesamten Schöpfung, zu dieser Entwicklung verhelfen!

Ob wir nun Gott sagen, Allah, Manitu, große Allmächtige Macht oder Liebeslicht oder dem Schöpfer weitere Namen geben, spielt keine Rolle, denn alle sind wir miteinander verbunden und somit EINS! Wir, jedes einzelne Geschöpf, ist wichtig, nicht die Religionen! Sage ich zu mir: „Ach, bin ich blöd", dann sage ich zu allen Wesen sie sind blöd und beleidige ALLE, denn kein Gedanke, kein Gefühl geht verloren.

Darum ist Selbstliebe so wichtig. Wenn ich mich liebe, kann ich ALLE anderen Geschöpfe lieben und sie mich!

Ein Grashalm oder eine Mücke sind nicht weniger wert, als ich es bin. Alles entwickelt sich zur Erfahrung der allumfassenden Liebe.

Ein Meister kann sich als Querulant auf der Erde inkarnieren, damit wir die Erfahrung machen dürfen, mit einem Querulanten umzugehen. Meister helfen uns in der Entwicklung, und es gibt deren viele, oft erkennen wir sie nicht als das, was sie sind!

Die Arbeit als Medium

Ich schreibe dieses Buch, um interessierten Menschen meine Arbeit als Medium und Seherin näherzubringen. Meine Arbeit besteht darin, zusammen mit meinem göttlichen Engel-Team noch Millionen „verlorener Seelen“ aus den Zwischenwelten zu helfen, ins LICHT zu gehen!!

Ich bin ein Mensch wie jeder andere auch und habe eine Gabe, so wie jeder Mensch eine Gabe, ein Talent hat. Wichtig ist, dass wir unsere Gabe entdecken und ausüben. Gelingt uns das, ist es mehr als nur ein Beruf. Es ist eine Berufung, und die macht jeden sehr glücklich. Ich bin ein Rad in dem Getriebe mit sehr vielen Rädern. Ohne die Hilfe von den Engeln, Geistführen und Gottvater könnte ich meine Berufung NIE ausüben! Ohne meinen Bodyguard Erzengel Michael, der mich in die Sphären, die guten wie bösen, begleitet und beschützt, könnte ich diese „abgefahrene“ Arbeit NICHT machen!

Seit 2015 ist mein Zuhause als „Halbaussteigerin“ eine wunderschöne Weidhütte, erbaut 1708 im Naturpark Diemtigtal, in meinen geliebten Bergen auf 1300 Meter über dem Meer. Hier kann ich in aller Ruhe inmitten der Natur als Medium den vielen Seelen helfen und meine Erlebnisse aufschreiben, um zu zeigen, dass der Tod niemals ein Ende ist, sondern ein Heimgehen ins Licht!

Als kleines Mädchen spürte ich die Geister. Sie machten mir jedoch große Angst. Wenn meine Eltern unter mein Bett schauten, sahen sie niemanden – ist ja klar. Ich glaubte ihnen nicht und hatte trotzdem Angst. Sie lachten und sagten, ich hätte zu viel Fantasie.

Die Geister waren unter meinem Bett, im Schrank, im Keller. Sobald es dunkel wurde, spürte ich sie und wusste, dass da „jemand" war. Meine extrem schlimmen Albträume hatte ich jede Nacht. Jede Nacht weinte ich und durfte zu meinen Eltern ins Bett kriechen, um Wärme und Schutz zu bekommen. Die Träume wurden so schlimm, dass ich mich, als ich größer wurde, selber bewusst trainierte! Ich lernte im Traum, meinen Verfolgern, wenn ich keinen Ausweg mehr sah, in ihre Fratze zu sagen: „Dies ist nur ein Traum, ihr könnt mir nichts antun!" Dann zwang ich mich aufzuwachen, um die Lampe anzuzünden und aufzusitzen, damit ich richtig wach wurde, sonst nützte alles nichts und ich stand meinen Verfolgern wieder gegenüber! So lernte ich, meine Träume zu trainieren. Heute weiß ich, dass alles real war und aus früheren Leben stammte.

Von meinen Vorleben habe ich viel ins Heute mitgebracht, vor allem mein Wissen über Gefühle von

Menschen, Tieren und der Natur. Mitgefühl auch für die kleinsten Lebewesen. So half ich von klein auf Schnecken über die Straße, Bienen aus dem Teich, Ameisen beim Überqueren von Hindernissen usw. Ich beobachtete sie und fühlte mit ihnen. Dies ist mir bis heute noch wichtiger als Pünktlichkeit.

Als Hundenarr führte ich als Kind sämtliche Dorfhunde aus, jeden Freiläufer adoptierte ich sofort und nahm ihn mit nach Hause. Ich kannte keine Angst, Hunde sind so wunderbare Begleiter und Beschützer. Mit meinem Hund wandere ich heute stundenlang quer durch Wald und Wiesen. Es kann auch Mitternacht sein. Von der Natur bekomme ich Kraft und meine Hellsinne werden geschult.

Ich bin eine Seherin, das heißt, ich „sehe“ in andere Dimensionen, ich fühle, höre und rieche sie. Es gibt so unendlich viel Leben um uns herum, alles wird gesehen, nichts bleibt verborgen!

Ich „sehe“ die Engel, Feen, Elfen, Devas, Zwerge, Gnome, Kobolde. Sie alle leben neben und unter uns, sie können uns helfen, wenn wir miteinander arbeiten, oder sie können uns auch ein „Bein“ stellen, wenn wir gegen sie und die Natur arbeiten. So wie Sie in den Wald rufen, kommt das Echo zurück, positiv oder eher schräg!

Kräuter sammeln und die Natur beobachten gehörte immer zu meinem Leben. Mit 25 gründete ich meine Kräutersalben- und Öle-Produktion, www.menix.ch Naturprodukte. Meine Tochter Manuela ist nun erfolgreiche Geschäftsführerin und Besitzerin.

Mein erstes bewusstes mediales Erlebnis hatte ich mit 27 Jahren. Als meine erste geliebte Hündin Bamse verstorben ist, hat sie mit mir im Geiste gesprochen, und zwar laut und deutlich!

Einige Zeit später sah ich meinen ersten Engel. Er war sehr groß und wunderschön in einem wallend weißen Kleid. Der Engel zeigte mir mit einer Vision den Weg, den ich heute noch gehe: die Liebe zu meinen Kindern, die Liebe mit allen Wesen dieses Universums und die Selbstliebe. So kann ich meine Aufgabe, als Seherin Seelen zu retten, erfüllen!

Meine Visionen sehe sich wie einen Kinofilm. Dank dieser Visionen konnte ich auch meine Kinder rechtzeitig vor einem schlimmen Unglück bewahren und sogar anderen Menschen das Leben retten!

Das Fotografieren von Engeln, Gnomen, Zwergen sowie Orbs mit Gesichtern (die auch Engelenergien oder verstorbene Seelen sind) etc. folgte. Ich sehe sie und spreche mit ihnen. Sie sind auch meine medialen Lehrer. Das Fotografieren macht mir große Freude und beweist auch jedem Zweifler: Es gibt sie!

Ich hatte auch viele intensive Gespräche mit Mutter Erde. Sie hat ein „eigenes“ Leben. Sie atmet und lebt, das Öl ist ihr Blut, das Gras ihr Atem. Wir alle bestehen aus den gleichen Elementen, haben Erdanteile, Gras-, Baumanteile in uns. Ein Zwerg, Gnom, Elf kann, wenn er will, auch als Mensch inkarnieren. Der Mensch ist das Besondere, weil er den freien Willen hat, und darum ist es so schwer, sich als Mensch weiterzuentwickeln. Wegen der Weiterentwicklung möchten die Naturwesen auch mal Mensch sein. Ein Mensch kann auch ein Zwerg werden, so wie ich es einstmals war.

Mein Leben war nicht immer einfach. Eine Ehekrise erschütterte mein Leben und es kam eine unglaublich schwere Zeit für meine Kinder und mich. Meine Großmutter tröstete mich regelmäßig in meinen Träumen.

Manche Menschen denken: So ein Medium zu sein ist doch praktisch. Sie können ihren Lebensweg ja sehen und die „schlimmen“ Sachen umgehen, quasi „falsche“ Beziehungen nicht eingehen. Wissen Sie, liebe Leser/innen, wir Menschen lernen alle von den polarisierenden Erfahrungen. Nur mit Sonnenschein kennen wir keinen Sturm und könnten unser Mitgefühl nicht entwickeln. Ob nun Medium oder nicht!

Was sind gefangene oder erdgebundene Seelen und Besetzungen?

Erdgebundene oder gefangene Seelen sind jene, die sich nach ihrem Tod nicht ins göttliche Licht begeben.

Ich befragte meine Engel und Geistführer:

„Warum braucht es einen lebenden Menschen, um den unerlösten Seelen zu helfen? Es werden oft viele Gebete für sie gesprochen, warum helfen die nicht?"

Sie antworten ganz klar:

„Seelen zu erlösen ist deine Berufung. Du hast dieses Gottesgeschenk erhalten, um den Seelen in den Zwischenwelten (Religionen nennen diese auch Höllen) zu helfen. Es braucht jemand wie dich, du sprichst die Sprache dieser armen Seelen, du hast das Mitgefühl. Wir Engel, Geistführer und Seelen im Licht haben eine andere Sprache, wir sind in der göttlichen Liebe mit absolut positiver Sprache. Du kannst diesen Seelen in der weltlichen Sprache den rechten Tritt geben, wenn sie nicht hören wollen!"

„Aha … Danke, jetzt kann ich dies verstehen!"

„Warum gehen so viele Seelen nach ihrem Tod nicht direkt ins Licht?“

„Weil diese Seelen an ihrem Hab und Gut hängen und sich von ihren Gütern nicht trennen wollen.“

„Bemerken sie die Engel, die sie rufen, nicht?“

„Nein, sie wollen an ihrem ‚alten‘ Leben festhalten.“

Leider machen sie auch oft noch nach ihrem Tod den Lebenden die Hölle auf Erden! Denn sie wissen ALLES besser, immer noch, unglaublich sturköpfig und hartnäckig! Wenn sie glauben, ihre Schwiegermutter sei immer noch hinter ihnen, dann ist sie das ganz sicher noch! Diese armen Seelen sind genauso wie zu „Lebzeiten“ und können sich in den Zwischenwelten nicht weiterentwickeln.

Gründe für das Verharren in den Zwischenwelten

Mangelndes Verständnis für ihre Situation

Mangelndes Verständnis entsteht, wenn sie durch einen Schock gestorben sind, z. B. durch einen Unfall, einen Herzinfarkt, einen Mord oder eine kurze tödliche Krankheit. Diese Seelen von Menschen und Tieren haben noch nicht „gemerkt“, dass sie gestorben sind. Sie

„leben“ in den Zwischenwelten so weiter wie auf der Erde. Sie wundern sich aber über die unhöflichen Menschen um sie herum, die weder mit ihnen sprechen noch zuhören. Auch wenn ihr Zuhause verbrannt ist – in ihren Gedanken und in ihrer Welt steht dieses noch und sie arbeiten und „leben“ wie zuvor in ihrem Erdenleben.

Liebe Leser/innen, es ist schwierig, Ihnen das hier so genau zu erklären. Aber wenn sie meine Erlebnisse mit solchen Seelen von den Zwischenwelten gelesen haben, verstehen Sie dies sicher besser.

Selbsttötung

Es sind immer sehr sensible und wundervolle Menschen, die dieses Leben nicht mehr aushalten. Gott unser Vater versteht diese armen Seelen und würde sie sehr gerne bei sich im Licht in Empfang nehmen.

Wir dürfen nie über sie urteilen! Denn wir wissen nicht, was dieser arme Mensch erlebt hat! Ich erlebe diese Seelen als unglaublich traurig. Sie haben keine Selbstliebe, kein Selbstvertrauen, sie sind buchstäblich unter dem „Teppich“. Sie beenden ihr Leben aus dem einen und einzigen Grund: weil sie hoffen, der Tod erlöst sie von den Qualen des Lebens! Und diesen schrecklichen Moment des Nicht-mehr-Könnens nehmen die armen Seelen mit ins Jenseits. Sie halten dieses

Problem in ihren Gedanken fest und stecken damit in der Zwischenwelt fest. Keine Liebe, alleine, verzweifelt, traurig, kalt, einsam, eingemauert im Schlamm stecken geblieben! Solche armen Seelen brauchen manchmal ein paar Wochen, bis sie überhaupt mit mir sprechen und bis endlich die Erlösung kommen darf, wo sie mit Erzengel Michael und den Engeln ins göttliche Licht gehen.

Weitere Gründe sind:

Unerledigte Dinge. Keine Verzeihung

Sehr viele Seelen gehen bewusst nicht ins Licht, weil sie noch etwas mit ihren Lieben zu klären haben. Ehemalige Streitereien, Hass, Wut, Neid, Geldangelegenheiten und, und, und … Diese Seelen haben das Gefühl, wenn sie ins Licht gehen, seien sie weit, weit weg … darum bleiben sie in den Zwischenwelten. Aber niemand hört sie, außer ein Medium. Somit verpassen sie den „Himmelszug“ und bleiben stecken, das kann 1 Jahr dauern oder 1000 Jahre.

Das hört sich für Sie sicherlich schrecklich an, 1000 Jahre festzustecken! Mir ging es anfangs in meiner Lehre mit der Geistwelt auch so. Aber ich lernte, dass nur wir Menschen eine Zeitrechnung haben. In der geistigen Welt sind 1000 Jahre ein Fingerschnipsen, das tröstet allemal. Ich wecke dann zusammen mit den Engeln diese „Gespenster“ aus ihrem meist schlafähnlichen Zustand und erlöse sie von ihrem kläglichen Dasein. Im Licht können diese Seelen viel mehr für ihre Vergebung und die ihrer Lieben auf der Erde erwirken als in den Zwischenwelten.

Im göttlichen Licht gibt es die bedingungslose LIEBE und mit ihr die Verzeihung und somit eine Weiterentwicklung! Dort gibt es keine Missgunst, keinen Hass, Neid, kein Geld, keine Güter mehr. Es ist nicht mehr von Bedeutung, was ein Mensch alles „angehäuft“ hat. Seine Liebe und sein Mitgefühl ist von Bedeutung! Vom Licht her können uns die lieben Seelen betreuen und beschützen, uns lehren zu lieben und zu verzeihen und keine Urteile zu fällen. Denn die Liebe ist das Größte!

Neid

Diese erdgebundenen Seelen beneiden oft die noch lebenden Menschen und können diese besetzen.

Der besetzte Mensch fühlt sich tatsächlich wie fremdgesteuert und macht vieles im Leben anders, als wie er es gewollt hätte! Wenn dann Panikattacken, Schlaflosigkeit und sonstige unerklärliche Krankheiten dazukommen und diese armen Menschen von der Schulmedizin austherapiert wurden, suchen sie Hilfe bei einem Medium.

Ich kann ohne Probleme Ablösungen machen für jemanden, der nichts davon weiß oder nicht daran glaubt. Das Problem aber ist, dass solche meist sehr sensible, feinfühlige Menschen sofort wieder Besetzungen „auflesen“. Ihre „Löcher“ in der Aura kann ich auch verschließen. Das Problem hier ist, dass solche Menschen bewusst mithelfen müssen, um sich zu schützen.

Dieses geht nur mit den entsprechenden Gebeten. Fazit: Ich reinige und mache Ablösungen und mein Klient hat die Eigenverantwortung, sich jeden Tag mit einem Gebet selber zu schützen!

Hat ein Mensch zu Lebzeiten Besetzungen, Seelen- oder Astralenergien, lösen sich diese NACH DEM TOD DES MENSCHEN NICHT AB!!

Diese Fremdenergien kleben immer noch an der armen Seele und bevormunden, traktieren diese weiterhin. Außerdem holen sich diese Astralwesen wieder Energie bei den Lebenden ... ein Kreislauf, der unterbrochen werden muss! Und das besser zu Lebzeiten, dann hat der Mensch ein freieres Leben. Im schlimmeren Fall müssen in den Zwischenwelten die Ablösungen gemacht werden!

Gefangen in den Zwischenwelten

Es existieren viele Zwischenwelten. Sie werden durch die Energie unserer Gedanken erschaffen und so lange aufrechterhalten, bis sie keine Energie mehr bekommen. Denkt ein Mensch: „Ich komme bestimmt in die Hölle“, wird er es in den Zwischenwelten nicht lustig haben. Ist ein Mensch vor langer Zeit während einer Schlacht beim Kämpfen gestorben, kämpft er jahrhundertelang auf diesem einen Schlachtfeld gegen seinen Feind! Denkt ein Mensch: „Wenn ich sterbe, komme ich sofort in den Himmel!“, dann wird diese Seele einmal direkt ins göttliche Licht und in seine Weiterentwicklung gehen!

Der Geist erschafft sich seine Jenseits-Existenz selber und hat in den Zwischenwelten seinen freien Willen. Sehr viele Seelen erkennen nicht, dass sie gestorben sind, und denken und handeln wie zu Lebzeiten. Dadurch beeinflussen sie auch leider die noch „Lebenden“ sehr stark! Wegen negativer Einflüsse verharren wir Menschen oft in negativen Mustern, weil negativ denkende und kämpfende Seelen um uns herum sind!

Also setze ich meine Gabe ein, um so viele dieser unerlösten Seelen wie möglich ins Licht zu bringen und sie ihrer Erlösung zuzuführen! Damit erhöht sich die Chance, mehr Frieden auf der Erde zu finden!

Kinder gehen normalerweise sofort ins Licht, sie wurden noch nicht „gesteuert und geprägt“. Aber leider gibt es auch Kinder in den Zwischenwelten, wie Sie in meinen Protokollen lesen können.

Wir Menschen sind unser Lebensschmied und sogar nach dem Tod schmieden viele ein klägliches Dasein in den Zwischenwelten! Warum?

Es gibt viele Gründe: kein Glauben an ein Weiterleben nach dem Tod, Religionen, kein Selbstwertgefühl wie: „Ich habe den Himmel nicht verdient, ich bin ein schlechter Mensch“, keine Selbstliebe, negative Hassgedanken, Krieg und vieles mehr – aber das sind nur Hauptaspekte!

Friedhofsbesuche, um erdgebundene Seelen zu befreien

Eine meiner Aufgaben ist es, so viele Friedhöfe wie möglich zu besuchen, um die dort „wohnenden“ Seelen mit Erzengel Michael ins Licht zu führen. Erzengel Raphael kommt, um die Verletzten zu heilen, damit sie mich „ganz und gesund“ anschauen können. Raphael heilt, also auch nachdem wir „gestorben“ sind, alles! Verletzungen, Entstellungen, einfach alles, und die

Geister sehen nach der Behandlung wunderschön aus und müssen sich nicht genieren!

Ich bin sehr glücklich darüber, ich muss diese schlimmen Verletzungen nicht alle sehen. Das, was ich sehe, reicht alleweil! Viele Seelen wissen ja nicht, dass sie in der geistigen Welt sind, oder sie haben Angst, ins Licht zu gehen, hängen an ihrem Haus, Geld, Macht ... wegen was auch immer und bleiben erdgebunden. Ich wecke die meisten aus ihrem dämmrigen Zustand und erkläre ihnen, wo sie hängen geblieben sind. Diese Gespräche halten wir im Geiste ab. Die verstorbenen Seelen in der Zwischenwelt haben sich nicht verändert. Sie sind noch genau so, wie zu Lebzeiten. Eine Weiterentwicklung findet nicht statt, sie können 7 Tage oder 1000 Jahre verstorben sein, sie stehen in ihrer geistigen Entwicklung da, wo sie verstorben sind. Nur im göttlichen Licht, im sogenannten Himmel, geht die geistige Weiterentwicklung weiter. Darum ist es unendlich wichtig, ALLE zu erlösen, um ihnen zu helfen geistig weiterzukommen! Ein anderer unglaublich wichtiger Aspekt: Auf der ganzen Erde, im ganzen Universum können so die negativen Energien, Schwingungen angehoben werden. Dadurch würden ALLE Menschen glücklicher und liebevoller!!!!!

Um die LIEBE geht es! Wenn jeder einzelne Mensch liebevoller an seine Mitmenschen denkt, wird es weltweit liebevoller zugehen!!!

Bitte denken Sie darüber nach!

Fremdenergien

Die sogenannten Astralenergien sind von den Menschen produzierte Gedanken, die Energien freisetzten und quasi „selbstständig“ werden.

Es tönt komplizierter, als es ist. Ein Beispiel: Ich gebe meinen Oldtimer namens Bulli in die Fachwerkgarage, um ihn restaurieren zu lassen. Das dauert mit Unterbrechungen fast zwei Jahre. Mein Oldie steht also fast zwei Jahre in fremden Garagen. Dort wird während der Arbeit schlecht geredet, negative Gedanken und Flüche hängen in der Luft. Nach der Restauration nehme ich meinen Oldie wieder zu mir (dieser Bulli Camper begleitet meine Familie seit 1992), er ist wunderschön violett/weiß außen und innen pink. Wie neu. Ich bin super happy.

Aber: Negative Gedanken und Worte stecken in der Materie fest und haben sich zu negativen Energien, ich nenne es zu einem „Dämon“ entwickelt.

Was denken Sie, liebe Leser/innen, möchten Sie mit einem Dämon eine Ausfahrt machen? Wohl kaum! Aber ich habe nur noch die Schönheit meines Oldtimers gesehen, und ich als Medium habe vergessen, ihn zu „reinigen“!

Ich habe einiges davon gelernt und nur knapp überlebt! Ich wünsche niemandem ein solches Erlebnis. Um rein zu sein, musste dieses Auto zuerst gründlich mit Gebeten gereinigt werden, um alle Dämonen, also negativen Gedanken, Astralenergien und den Gedanken- und Wortmüll, aufzulösen, die sich in den fast zwei Jahren in der Werkstatt angesammelt hatten.

Das sollte man immer bei neu gekauften Artikeln beachten, besonders die vom Gebrauchtwarenhändler oder die geerbten. Reinigen Sie mit Ablösegebeten ihre Wohnung, Ihr Haus, die Möbel, Ihr Auto, die Bilder etc. Ausräuchern alleine hilft nicht, beten Sie laut mit Kerzenlicht. Räuchern können Sie, wenn Sie es mögen, oder rufen Sie mich an. Ich kann in Ihr Daheim „reinschauen“, aus der Ferne (Distanz spielt keine Rolle), um ihre Wohnung zu „reinigen“. Dann liegt es an Ihnen, meine Ratschläge zu befolgen, um ein glückliches Zuhause zu haben und sich wohlzufühlen!

Die Geschichten, die ich als Seherin erlebe, schreibe ich Ihnen genau so auf, wie ich sie erlebe, sehe, höre, fühle und rieche. Es ist kein Roman, der eine Story erzählt, es ist das wahre Leben auch nach dem Leben. Ich hoffe, Sie können ein wenig mit mir in diese Welt hineinschauen. Bitte fühlen Sie mit Ihrem Herzen und der Seele, glauben Sie nicht den geschriebenen Worten, fühlen Sie sie!

Es geht mir darum, den Seelen zu helfen. Viele Seelen, wie Sie noch lesen werden, kommen zu mir. Sie klopfen laut an meine Tür, sie riechen manchmal stark und manchmal gut, sie stehen einfach vor der Hütte und warten scheu, bis ich komme. Die Seelen wissen seit ich auf der Welt bin, dass ich ihnen helfen kann. Deshalb waren sie schon, als ich klein war, um mich herum, aber damals hatte ich Angst vor ihnen. Ihr „Buschtelefon“ funktioniert besser als unseres und ist dazu noch gratis! Sie fragen sich sicher auch, wovon diese Frau in den Bergen mit den Seelen und Zwergen lebt?

Ja, das frage ich mich manchmal auch. Aber es geht mir ausgesprochen gut, ich bin sehr glücklich in meiner Berufung und liebe meine Seelenretter-Aufgabe sehr! Oft habe ich ja auch Kunden, die wissen wollen, ob die geliebte Seele verstorbener Menschen, Mann, Eltern, Kinder oder Freunde im Licht sind, oder ich mache Ablösungen von besetzten Menschen und Tieren. Auch Tierkommunikationen füllen meine Kasse zum Leben.

Geister, die ich rief, werd ich nun nicht mehr los

Diese Geschichte, die mich heute amüsiert, ist nun schon über 30 Jahre her. In jener Zeit brachte eine Schweizer Zeitschrift Berichte über Geister und Zeichen verstorbener Seelen. Ich war sehr neugierig und las diese mit großer Begeisterung! Und hoppla, hatte ich sie!!! Die Gespenster! Sie waren überall, ich hatte keine Sekunde mehr für mich, sie redeten alle durcheinander und bedrängten mich alle sie anzuhören! In den Keller konnte ich nur noch gehen, wenn ich *Gott ist die Liebe* sang, das einzige Sonntagsschullied, das ich noch kannte, denn die Geister machten mir Angst! Ich spürte sie jetzt viel stärker als früher als Kind! Überall waren sie. Horden über Horden!

Einmal ging ich wieder ins Bad und die ganze Horde kam mit!! Dann explodierte ich und schrie sie an wegzugehen. Sie sahen mich erschrocken an und gingen raus! Aha! Reden muss ich mit den Gespenstern?!

Und nach monatelangem aufsässigem Geisterverhalten hatte ich endlich den Dreh raus! Ich setzte sie alle in den Busch, einfach weit weg von uns allen! Jawohl! Ich weiß nicht, wo sie sich alle all die Jahre aufhielten, denn erst jetzt weiß ich, wie ich ihnen helfen kann.

Gespräch mit Arthurs Seele und seiner noch lebenden Frau

„Guten Tag, Arthur, mein Name ist Marianne. Ich bin ein Medium. Deine liebe Frau Karin hat mich zu dir geschickt, um dir zu helfen."

„Guten Tag, Marianne, ich verstehe nichts mehr. Seit Tagen bin ich in der geistigen Welt. Wir haben keine Zeitmessung mehr, Monate oder auch Jahre, oder war es gerade eben? Ich liege in diesem Spitalbett und keiner kümmert sich um mich. Ich habe Probleme mit dem Bauch und Darm, niemand hört mir zu und Karin weint so viel. Sie muss doch nicht weinen, was ist los? Bitte hilf mir!"

„Ich helfe dir sehr gerne. Darum hat mich Karin gebeten. Kannst du dich erinnern, als du in eurem Ferienhaus in Bar, Montenegro warst? Was ist dort passiert?"

„Ja, ich habe viel Musik gehört und gespielt, das fehlt mir hier in diesem Spital. Ich habe mein Leben sehr genossen, esse gerne gut, Leckereien kochen, grillieren, bin gern in meinem Lieblingsrestaurant mit meiner Frau oder/und Freunden. Liebe Meeresfrüchte, vor allem Muscheln und deftiges Essen. Der Arzt sagte mir, ich solle das alles nicht mehr essen wegen des Cholesterins, keinen Wein, keinen Weinbrand. Aber dies alles liebe ich so sehr. Ich lebe vielleicht nicht 100 Jahre, aber dies alles lasse ich mir nicht verbieten. Das wäre für mich kein Leben mehr!"

„Ja, ich kann dich gut verstehen, du hattest ja auch schon einige lebensbedrohliche Krankheiten."

„Ja, Marianne, das hatte ich. Aber ich habe keine Angst zu sterben, das ist unser aller Lebenslauf!"

„Glaubst du an Gott?"

„100%ig ja! Weißt du, wir Künstler sind speziell mit unseren Ritualen. Ich habe einen Talisman, eine Kette mit einem Steinbock, ein kleines Kreuz und einen schönen Stein. Vor den Auftritten küsste ich diese und in meinen Gedanken dankte ich für einen guten Auftritt. Ich schiebe jetzt dieses Thema weit weg, zu viel will ich nicht darüber nachdenken."

„Das ist o. k. Jeder macht das, wie es für ihn stimmig ist. Ich arbeite mit Gottvater, Geistführern und Engeln zusammen."

„Ich danke dir, dass du da bist, mit mir sprichst und mir diese Situation erklärst. Machst du das für mich?"

„Natürlich, wir sprechen nachher noch von deiner Zeit vor dem Spitaleintritt."

„Nein, das wollte ich dir ja noch sagen: Ich bin wegen des leckeren Essens abgeschweift, das ich hier leider nicht bekomme. Also, ich wusste, dass ich vieles nicht mehr essen und trinken sollte, ich musste starke Medis nehmen. Aber, ich konnte nicht widerstehen! Seit Tagen hatte ich Bauchkrämpfe und blutete aus dem After, so nahm ich eine Tablette mehr gegen die Schmerzen.“

„Konntest du noch essen und trinken?“

„Nur noch sehr wenig. Ich wollte Karin keine Angst machen.“

„Du hast gewusst, dass in deinem Bauch oder Darm etwas nicht stimmte?“

„Ja, ich wusste es. Ich hatte das Gefühl, dass irgendetwas aufgeplatzt ist. Ich konnte die ganze Nacht nicht schlafen, die Schmerzen waren sehr groß und meine Medikamente halfen nicht mehr. Ich hatte das Gefühl, dass diese die Schmerzen nur verstärkten. So habe ich am frühen Morgen ein Taxi bestellt, um in den Spital zu fahren. Die Ärzte untersuchten mich, einer tastete den Bauch ab, er tat mir höllisch weh! Sie sahen, dass ich viel Blut verloren hatte, mein Bauch war voll Körperflüssigkeit und Blut. Über die Vene bekam ich starke Schmerzmedikamente, also war ich praktisch schmerzfrei.“

„Ach, weißt du, Marianne, diese leckeren Speisen vermisse ich so sehr, würdest du mir etwas bringen?“

„Ich muss lachen. Arthur, du bist unschlagbar! Ich kann dir nichts bringen, erzähl weiter.“

„Schade. Karin sagt oft, ich solle mehr Sorge für meinen Körper tragen, sie möchte noch viele Jahre mit mir zusammen genießen!“

„In jener Nacht, wusstest du da, dass du ernsthaft krank warst?“

„Ja, ich dachte nicht, dass ich diese Sache überleben würde. Sie haben mein Blut untersucht, die Werte seien schlecht, so die Ärzte. Sie müssten noch ein großes Blutbild machen. Es war ein geplatzter Tumor. Ich wollte keine Notoperation, der Arzt sagte mir auch, dass ich diese nicht überleben würde. Dann bekam ich Herzschmerzen, von da an weiß ich nicht mehr, was passiert ist.

Als Karin kam und weinte, wusste ich, dass etwas Schlimmes geschehen war, aber wusste nicht was.“

„Lieber Arthur, ich spürte das Stechen eben auch in meinem Herzen. Du hattest einen Herzinfarkt und Kreislaufzusammenbruch am 12. September 2017 und bist in die geistige Welt hinübergetreten, du bist gestorben. Darum haben dich die Menschen nicht mehr wahrgenommen und mit dir gesprochen.“

„Aha, so fühlt sich das Gestorbensein an? Aha ... eigentlich gar nicht anders als vorher. Darum weint meine geliebte Karin so viel? Sie sieht und hört mich nicht mehr?“

„Ich habe tiefes Mitgefühl für euch. Vor allem für Karin wird es eine schwere Zeit!“

„Erklär mir bitte die Pfützen und den extremen Regen. Hat dies etwas mit meinem Tod zu tun?“

Erzengel Michael ist da und erklärt uns Folgendes: „Geliebter Arthur, deine mütterliche Seite mit deinen Ahnen weinte um dich, das waren ihre Tränen – hörst du sie nicht rufen? Deine Ahnen rufen nach dir, um dich ins Licht zu holen!“

„Schau, Arthur, dort sind die Schatten deiner Ahnen im Licht und rufen dich. Bitte geh mit Erzengel Michael ins Licht. Dort erwartet dich deine Weiterentwicklung und du kannst zu jeder Zeit zu deiner geliebten Karin und deiner Familie gehen, um ihnen zu helfen und sie zu trösten. Im göttlichen Licht ist die pure Liebe! Erzengel Raphael ist schon ein langer Begleiter an deiner Seite. Er sagt mir, dass du eine OP nicht überlebt hättest – die Ärzte wussten dies und haben dich diesbezüglich beraten und abgeraten. Hattest du Schmerzen?“

„Nein, im Spital hatte ich keine Schmerzen mehr, auch das Sterben war nicht schmerzvoll, ich habe es ja gar nicht gemerkt.“ Er lacht.

„Karin und wir alle sind sehr glücklich darüber, dass du keine Schmerzen hattest und nun im Licht bist und nicht mehr in diesem Spitalbett wartest.“

„Geliebte Karin, ich danke dir und Marianne für eure geleistete Hilfe, mich aus diesem Dilemma rausgeholt und ins Licht geschickt zu haben. Marianne, sag meiner geliebten Karin, dass ich sie sehr liebe, auch wenn ich manchmal launisch war. Sie möchte mir bitte vergeben! Ich vergebe ihr auch für die kleinen Ungereimtheiten, von ganzem Herzen! Ich werde sie immer lieben, begleiten und beschützen, wenn sie mich braucht und meine Hilfe möchte. Ich hoffe, meine Karin findet ihr herrliches Lachen wieder, genieße dein Leben Buschka, in Liebe, dein Schatz.“

Liebeserklärung

Eine Kundin ruft mich an und möchte wissen, ob es ihrem vor zwei Jahren verstorbenen Mann gutgehe, und möchte von ihm auch wissen, ob sie ihre Knie operieren lassen soll.

Ihr Mann sagt: „Liebling, lass die Ärzte tun, was sie tun müssen, und habe Vertrauen zu ihnen. Du darfst nicht denken: ‚Es lohnt sich nicht für mich.‘ Ich liebe dich und es tut mir so weh, wenn du so von dir denkst und sprichst! Jeden Tag, an dem du diese Schmerzen nicht mehr hast, lohnt sich diese Operation! So, das musste ich jetzt durch Marianne einfach mal loswerden! Und noch etwas: Bitte verwöhne dich selbst mehr, kauf dir gutes und hochwertiges Essen und einen kleinen Sekt oder Wein dazu. Du darfst mich ruhig dazu einladen. Wie wär' s mit einem Date mit mir?

Du, meine Geliebte, hast mir ins Licht geholfen, du hast so viel für mich gebetet, du hast dich spirituell so weit entwickelt, ich bin sehr glücklich. Du bist meine große wahre Liebe – mi Amore – unsere Liebe wird nie enden! Ich habe meinen kranken Körper verlassen – ich bin froh darüber, muss ich ihn nicht mehr herumschleppen. Ich kann neben dir liegen, wenn du schläfst, und dich beschützen. Ich bin immer und überall bei dir.

Wir entwickeln uns zusammen weiter und diese Erfahrungen machen wir zusammen, ich als Geist und du noch im ‚Leben'. Wir haben fast das gleiche Leben wie vorher, ist das nicht spannend? Du musst mich auch nicht wegschicken und denken: ‚Er sollte doch in seine Weiterentwicklung gehen, ich darf ihn doch nicht so anbinden.'

Ach, mein Herzallerliebstes, mein Darling, ich bin in der Weiterentwicklung zusammen mit dir! Verstehst du mich? Du kannst deine Hellsinne noch weiter trainieren, um mich besser wahrzunehmen. Kauf dir eine kleine digitale Kamera, dann kannst du Fotos von mir machen. Wir üben zusammen! Oh, wir haben noch eine sehr tolle und spannende Zeit miteinander. Sei nicht traurig und denke nicht daran, dass du auch sterben willst. Denke an unsere neue Erfahrung!

Und wenn dein Tag kommt, werde ich dich selbstverständlich abholen und dir alles, was ich kenne, zeigen. Quasi eine Einführung in die Schwerelosigkeit. Ich besuche auch unsere Kinder und Enkel, um sie zu trösten und Mut zu machen. Manchmal mache ich auch kleine Streiche, ich kitzle dich an der Nase, bis du niesen musst, oder zerzause deine Haare. Ich passe auch auf dich auf, Liebling, dass du nicht stürzt.

Marianne hat dir doch von den Blumen erzählt. Ich bitte sie nun, dir Fr. 20.– zusammen mit meinem Brief an dich zu senden, damit du dir drei rote Rosen kaufen kannst. Ein Geschenk von mir! (Ich schaue dann schon, dass Marianne diesen Betrag auf irgendeinem Weg wiederbekommt.) Ich werde dir immer wieder durch andere Menschen Geschenke machen, bitte nimm sie dankend an. Sie sind von mir. Du musst den Überbringern nicht sagen, dass sie von mir einen Auftrag erfüllen, die meisten Menschen glauben so was ja nicht, sie haben keine Ahnung.

Wenn du wieder einmal einen Brief von mir möchtest, ruf einfach wieder Marianne an und ich diktiere ihr sehr gerne einen.

Nimm das Leben als wunderschön an, du bist nie alleine!

Beginne, die neuen Erlebnisse, die du jetzt mit mir erfährst, aufzuschreiben. Du wirst sehen, es wird dir Spaß machen!

Zünde für uns eine Kerze an! Ich liebe dich immer und ewig! Amore mio!“

Ich habe der Auftraggeberin den Liebesbrief ihres verstorbenen Mannes geschickt. Später telefonierte sie mit mir und erklärte Folgendes:

Sie habe nichts aus diesem Brief aufgenommen.

Sie liebt zwar ihren Mann immer noch sehr, aber leider liebt sie sich nicht selbst! Sie gönnt sich nichts, ist zu sich selber extrem geizig. Sie würde das Geschenk ihres verstorbenen Mannes NIEMALS für Rosen ausgeben! Niemals würde sie für ein „Gesöff“ (Zitat von ihr) wie Sekt oder Wein Geld ausgeben! Sie hat ihr Leben lang ihren Mann angelogen, dass sie sein Lieblingsgericht nicht gerne esse! Für sie war dies zu teuer! Für ihre Kinder und ihren Mann kaufte sie alles. Sie schaute ihnen beim Kirschenessen zu und behauptete, sie möge diese nicht gerne! Für eine Alarmuhr, damit ihre Kinder sich keine Sorgen mehr um sie machen müssten, würde sie NIEMALS Geld ausgeben! Und, und, und …

Nach diesem Telefonat war ich sehr traurig, denn alles Zureden meinerseits und ihres verstorbenen Mannes brachte keinerlei Einsicht! Sie liebt sich NICHT! Sehr traurig!

Ein Bi-Sexsüchtiger bereut

Eine sehr sympathische Dame ruft mich an, sie braucht Hilfe, um einiges mit ihrem vor vielen Jahren verstorbenen Mann aufzuklären! Meine Arbeit als Seherin kommt unerwartet ganz anders als gedacht!

Ich „tauche" in die andere Dimension ein. Zusammen mit meinen Engeln finden wir nach langem Suchen diesen Mann, und zwar wie er „leibte und lebte"!

Er räkelt sich nackt und ungeniert auf einem Bett, es sieht aus wie in einem Bordell!

Ich stelle mich vor als Marianne und Medium. Seine Frau habe das organisiert, um einiges aus ihrem gemeinsamen Leben aufzuklären. Dann sage ich ziemlich barsch zu ihm: „Zieh dich an und setz dich auf einen Stuhl, wir müssen reden!"

Ja, dieser Typ ist ein „schwerer Brocken", geistig gesehen.

Wir sitzen uns nun auf zwei Stühlen gegenüber, um miteinander zu reden, es kommt ein Dialog zustande.

„Hallo, Marianne, ich dachte, nach meinem Tod sei alles vorbei, und ich hätte nun meine totale Freiheit."

„Ist es wirklich dein Ziel, noch in 1000 Jahren diese, deine totale sexuelle Freiheit zu leben? Mir, ehrlich gesagt, wäre das zu wenig!“

„Was? Es gibt noch mehr Freiheit?“

„Ja, sicher, denn du willst nur deine sexuelle Freiheit, das ist nicht viel. Völlige Freiheit bedeutet, in alle Dimensionen zu gehen und weise zu werden und sich weiterzuentwickeln. Das ist die allumfassende Freiheit, die Liebe!“

„Können wir später auf dieses Thema zurückkommen?“

„Sicher.“

Zum Glück klingelt mein Telefon, es gibt eine Pause. Dann updatet mein Laptop ewig und ich kann heute nicht mehr arbeiten. Sehr gut! Danke, ihr lieben Helfer vom Himmel!

Nun bitte ich die Engel und geistigen Führer, mit diesem Mann zu arbeiten, damit er in 24 Stunden offener ist, um mit mir vieles aufzuklären.

Ein Tag später.

Die geistige Welt hat mit ihm intensiv „gearbeitet“ und ihm die Augen über sein Leben und seine Ehe geöffnet und noch vieles mehr. Er wurde über Nacht zum einsichtigen Mann. Die Zeit ist in den Zwischenwelten relativ. Die Engel haben gefühlt vielleicht ein Jahr mit ihm gearbeitet, bei uns sind es aber nur 24 Stunden.

Nun sitzt er angezogen auf einem Stuhl und begrüßt mich sehr nett.

Ich: „Guten Tag, geht es dir gut?"

Er: „Ja, danke, ich fühle mich glücklicher!"

„Das freut mich sehr für dich. Können wir anfangen mit schwierigen Fragen?"

„Ja, ich bin bereit, alles mit meiner Frau aufzuklären, denn ich habe sie trotz allem immer geliebt! Und ich möchte für unser Seelenheil alles aufdecken."

„Das habe ich erhofft, ich habe da nämlich ein paar Fragen an dich. In welchem Alter hast du gemerkt, dass du bisexuell bist? Schon vor eurer Heirat?"

„Ja, ich wusste es, als ich die anderen Knaben mit den engen Turnhosen gesehen habe, aber in meiner Zeit durfte nicht darüber gesprochen werden. Während der Rekruten-Schule haben wir junge Männer schon auch im Geheimen ‚experimentiert', was sehr streng bestraft wurde! Schwule durfte es nicht geben! Dann war diese Zeit für mich aber beendet. Ich darf ehrlich sagen, ich habe meine Frau wirklich geliebt, und durch die Kinder habe ich gedacht und gehofft, meine Gefühle für Männer verschwinden für immer."

„Schön, dass du das sagst, so fühlt sich deine Frau sicher ein wenig weniger betrogen! Aber dann bist du wieder in solche Kreise zurückgekehrt? Du weißt, dass deine Frau sehr unter deinen Ausschweifungen gelitten hat?“

„Es tut mir wirklich leid und ich bitte sie um Verzeihung und hoffe, dass sie das irgendeinmal auch kann.

Bitte, meine Liebe, verzeih mir! Ich wollte das alles nicht, mein sexueller Drang war so stark und ich wurde unglaublich – blödsinnig – egoistisch! Erst jetzt, wo die Engel und meine Ahnen mit mir ‚gearbeitet‘ haben, erkenne ich dies!

Zum Glück hast du Marianne angerufen, um uns beiden zu helfen. Ich weiß, dass du nicht mir helfen wolltest, was ich durchaus sehr gut verstehe. Ich danke dir trotzdem ganz herzlich.

Du bist eine wunderbare Frau und Mutter. Es tut mir sehr leid, was du alles durchmachen musstest mit mir! Von ganzem Herzen möchte ich mich entschuldigen für das, was ich dir angetan habe!! Wie hast du es nur geschafft mit so einem Ekel wie mir zusammen zu sein?!

Du hast mir immer den Halt gegeben, den ich brauchte, auch wenn das jetzt komisch klingt, alles nur um Sex ging. Dich habe ich tief im Herzen geliebt und liebe dich immer noch. Danke für das, was du mir alles gegeben hast. Ich liebe dich! Ich bin sehr glücklich, dass du die Handbremse gezogen hast, daher konnte ich dich nicht anstecken [er war HIV-positiv]!

Du bist eine gesegnete Frau, dein Schutzengel hat gut auf dich aufgepasst, ich bin sehr dankbar, dass du gesund bist! Dieser Brief, den ich Marianne diktiere, ist genau so, wie ich fühle, es ist kein ‚Geheuchel'. Die Engel haben viel mit mir gearbeitet. Noch gestern diktierte und präsentierte ich mich der Marianne ganz anders. Sie hat den Laptop abgeschaltet und hatte von mir die Schnauze voll! Sie hat zum Glück das Beste gemacht und mir die geistige Welt geschickt, damit sie mit mir arbeitet, sonst wäre ich nie auf dem geistigen Stand wie jetzt.

Darum danke ich dir sehr für meine Seelenrettung und hoffe, dass auch du dich öffnen kannst, um mir zu verzeihen. Das würde vor allem deine verletzte Seele heilen! In Liebe!"

Ich bin selber ziemlich entkräftet nach diesem Dialog und hoffe für meine liebe Klientin, dass sie auch verzeihen kann, irgendeinmal!

Erlöst

Sie werden jetzt von Peter lesen. Er war mein erster Schatz nach der Schulzeit, aber das große Verliebtsein hielt nur kurze Zeit. Er war einen Tag älter als ich. Wir wurden im Spital Frutigen geboren und 16 Jahre später lernten wir uns kennen und lieben. Jahre später, wir waren schon lange nicht mehr zusammen, ist er an einem Hirn- und Lungenödem auf 7500 m ü. Meer im Himalaja mit 23 Jahren verstorben.

An seinen Geburtstagen denke ich meistens an ihn.

Aber an seinem „51." Geburtstag weckte er mich frühmorgens mit einem Streicheln meiner Schultern, und im Geiste fragte er mich: „Weißt du, wer ich bin?"

„Ja, sicher, du bist Peter."

„Weißt du, was heute für ein Tag ist?"

„Ja natürlich, du hättest heute deinen 51. Geburtstag!"

So fing eine neue Liebesgeschichte an und ich vertiefte noch mehr meine Hellsinne Fühlen, Sehen, Hören und Riechen! Er wollte alles über seinen Tod wissen. Er hat mir den Berg genannt, auf dem er auf 7500 Meter über dem Meer ein Lungen- und Hirnödem erlitten hatte und in einem Gletscherspalt bestattet wurde. Wir googelten zusammen. Dabei hat er mir alle Namen genannt, auch die seiner Bergfreunde, die ich nicht kannte und von denen ich noch nie gehört hatte! Er zeigte mir „seine“ Gletscherspalte, seinen toten Körper, der aber nun keine Rolle mehr spielt. Es geht ihm sehr gut und er war Tausende Male auf seinem ersehnten Gipfel und hat vielen, vielen Extrembergsteigern in der Not geholfen! Er befand sich immer noch wie in einem Schockzustand, obwohl schon alles viele Jahre her war. Die Zeit spielt eben in anderen Dimensionen keine Rolle, für ihn war alles erst gestern geschehen. Peter hat mich auf „seinen“ Berg, den Nanga Parbat, mitgenommen. Wir hatten die wunderbarste Aussicht auf die gewaltige Bergwelt über 8000 Meter über dem Meer.

Die Liebe im Herzen bleibt immer und ewig bestehen. Durch sie hat er zu mir gefunden und ich konnte ihm helfen, seine Sterbegeschichte aufzuarbeiten, aufzulösen, damit er nicht mehr in der Zwischenwelt verbleibt. Nach fast vier Wochen intensivstem Zusammenarbeiten ging er ins göttliche Licht und in seine weitere Entwicklung. Im Geiste sind wir zusammen und entwickeln uns auch zusammen weiter! Er hilft mir oft, Seelen zusammen mit den lieben Engeln ins Licht zu begleiten.

Dieses Erlebnis zeigte mir, dass noch viel „mehr“ in mir steckt. Ich wollte mehr und noch mehr wissen und so habe ich die richtigen spirituellen Schulen gefunden. Und meine hellsichtigen Gaben erweitern sich täglich! Ich gehe zusammen mit den Engeln, vor allem mit Erzengel Michael, der mich mit Rüstung, Schwert und Schild ausrüstet und beschützt, in die Zwischenwelten und wir suchen und finden hundertprozentig jede gesuchte Seele und bringen diese nach „Hause“ ins Licht zu Gott! Auch wenn dies stundenlang oder tagelang dauert, wir geben nicht auf!

Ich bin nur eine Helferin und Vermittlerin, einfach ein Medium und nichts Außergewöhnliches, es ist meine Berufung, wie jeder Mensch die seine hat!

Besetzt

Ich führte einen Pendelkurs durch, und während des Arbeitens erzählte mir meine Kundin Hilde, dass ihre vor Monaten operierte Schulter einfach nicht heilen wolle. Ich dachte sofort an eine oder mehrere Besetzungen und bat sie, zu mir in den Raum zu kommen. Ich zündete viele Kerzen an und machte damit einen Kreis. Nun standen wir in diesem heiligen Kreis, und ich bat meine Engel, mir bei dieser Ablösung zu helfen. Dann sah ich es … so ein grausiges dämonisches Wesen hatte ich noch nie gesehen: groß, schwarz, geifernd, zähnefletschend! Ich zog es aus Hildes Körper und zusammen mit den Engeln schlossen wir es in eine Lichtkugel und schickten diese Gottvater, denn Gott alleine kann solche Dämonen ins Gute umwandeln (er ist unser Bombenentschärfer). Hilde fühlte sich unglaublich wohl und leichter und von da an heilte ihre Schulter ganz normal!

Tina

Tina ist eine ältere, sehr kranke, mit sich und ihrem Leben unzufriedene Seele. Sie wohnt an einem traumhaften Ort, den sie aber verachtet. Ja, diese Frau ist sehr belastet und nur negative Sätze verlassen ihren Mund. So kommt es, dass sie keinen Schritt mehr selbstständig machen kann und Hilfe braucht. Aber nur ein einziger Mensch darf ihr helfen. Sie ist so extrem stur und kann ihr Haus und ihre über alles geliebte Porzellansammlung nicht loslassen, im Leben nicht und auch nach ihrem Tod nicht!

Die armen Menschen, denen nun dieses Haus gehört, sind schlimm dran, denn sie „spukt" überall und verhindert mit der ganzen Bösartigkeit dringende Renovierungen! Die Frau will noch nicht ins Licht, sie ist genau so stur wie im Leben. Auch wenn wir unseren Körper nicht mehr haben, haben wir noch unseren feinstofflichen Körper und sehen aus wie vor dem Tod. Auch unsere Weisheit bleibt im selben Stadium wie zu Lebzeiten. Anschließend geht entweder die Entwicklung weiter oder die Seelen bleiben in der Zwischenwelt (auch Hölle genannt) stecken, wo es jedoch keine Weiterentwicklung gibt. So habe ich das von der geistigen Welt gelernt.

Also, wenn ich hellsichtig in die Zwischenwelt abtauche und dort alles sehe, sehe ich in die Hölle. Sie brauchen aber keine Angst um mich zu haben, denn ich bin unglaublich beschützt durch Gott, Jesus und alle meine Tausende von Engeln, die mich begleiten und führen und Seelen für mich suchen. Ohne ihre Hilfe könnte ich meine Berufung nicht ausüben.

Ich liebe meine Berufung und mein Gottesgeschenk, den verlorenen Seelen zu helfen und sie nach Hause ins Licht zu bringen!

Tina besuchen wir später noch mal in ihrer Welt und ich gebe alles, um sie zu überzeugen, dass das Licht der richtige Weg ist …

Meine Engel suchen sie und finden sie in einem jämmerlichen Zustand. Sie kauert in einer höhlenartigen Nische. Fetzen von Kleidern hängen an ihr herunter, die Haare strähnig, lang und verfilzt. Ich rufe sie, einmal, zweimal … nach ein paarmal dreht sie sich um und schaut mich an.

„Ah, du bist es, du hast mich im Stich gelassen, du bist nicht besser als all die anderen! Ja, das stimmt, du hast mich weggestoßen mit deinem Gefluche und deiner extrem negativen Einstellung! Alles war schlecht. Die Sonne und deine wunderschöne Aussicht auf den See hast du gehasst, ich wollte mir diesen Schmetter (Frust) nicht mehr antun! Jahrelang habe ich versucht, dich fröhlich zu stimmen, das Schöne auf der Welt zu sehen … Ich hatte bei deiner Einstellung keine Chance, also habe ich gewartet, bis du gestorben bist, und jetzt helfe ich dir."

„Aber ich glaube an nichts, das ist alles Mist und erlogen!"

„Gefällt es dir hier?"

„Nein, sicher nicht, diese Müllhalde und meine Schmerzen werden noch schlimmer in diesem Loch!"

„Also, hab Vertrauen zu mir und komm mit, wir spazieren dort auf die hübsche Wiese."

Sie kommt schleppend und humpelnd mit meiner Hilfe auf die Blumenwiese. Dort erwartet Erzengel Raphael die sture Tina. Er begrüßt sie sehr liebevoll und stellt sich vor. Ihre Augen werden immer größer! Und langsam fangen ihre Augen an zu strahlen. Sie erkennt langsam, dass es nach dem „Tod" doch weitergeht! Sie setzt sich ins Gras und Erzengel Raphael setzt sich zu ihr und erzählt ihr, wer er ist und dass er sie von allen körperlichen Gebrechen geheilt hat! Sie steht auf, dreht sich im Kreis und hüpft in den Blumen umher wie ein kleines Kind und sie ist fröhlich!!! So ein Wunder!

Ich verabschiede mich von ihr, nachdem wir uns gegenseitig versöhnt haben, und sie darf mit Erzengel Raphael in den Himmel! Ich bin sehr glücklich, also, wenn wir eine so sture Frau überzeugen konnten, ins Licht zu Gott zu gehen, dann schaffen wir das bei JEDER Seele!!!

Waldgeister

Ein junger Mann rief mich an wegen extremer Probleme beim Abholzen von Bäumen und Tannen im Emmental. Er erzählte mir:

„Am Morgen kommen alle Forstarbeiter auf das Waldstück, das gerodet werden soll. Jeder nimmt seine Arbeit auf und fängt mit Motorsägen etc. an. Plötzlich wird einem Forstarbeiter schlecht, und er muss sich übergeben. Dem nächsten zerbricht vor seinen Augen die Motorsäge in zwei Stücke, einer kann nicht mehr laufen wegen extremer Rückenschmerzen, alle sind ‚stinkig' miteinander, die Traktoren und alle Maschinen sind kaputt! Das ganze Team muss die Arbeit einstellen."

Als er anfing zu erzählen, sah ich sofort die extrem wütenden Waldgeister, jeder klammerte sich an die Menschen und Maschinen!!!

Ich sprach zu ihnen, was denn los sei? Sie waren so wütend und enttäuscht, dass die Menschen so respektlos ihr Zuhause, ihre wunderbaren Tannen und Bäume einfach mit groben herzlosen Maschinen ermordeten.

Puuuuh, durchatmen und diskutieren, denn mir tut es auch immer weh, wenn ich diese Respektlosigkeit sehe. Ich erklärte den Waldgeistern, dass wir Menschen sehr dankbar sind für das wunderbare Holz zum Bauen, Kochen und Heizen und dass wir in der Schweiz gute Gesetze haben, um wieder aufzuforsten! Nun beruhigten sich die erbosten Geister und ließen die armen Männer in Ruhe. Und der Mann, der mich anrief, geht nun mit dankbaren Gedanken an seine Waldarbeit und spricht im Geiste mit den Naturgeistern und erklärt ihnen seine Arbeit und bittet sie, ein anderes Waldstück zu bewohnen.

Geister verletzen Pferde

Vor ein paar Jahren rief mich meine Tochter an und erzählte mir diese traurige Geschichte. Sie half, ein paar ältere Pferde zu betreuen, als sie eines Tages sah, dass jedes Tier Schnittwunden hatte, nicht so tiefe und doch war die Haut aufgeritzt! Sie kontrollierte mit der Besitzerin die ganze Weide und Freilaufboxen, da war nichts, um sich so zu verletzen. Das ging ein paar Tage lang so und die Tiere wagten sich nicht mehr auf die

Weide, sie hatten große Angst! Also suchte ich im Geist und mit meiner Hellsichtigkeit diesen Attentäter. Er hieß Tinu und war mit seiner ehemaligen Freundin Sabine in der Zwischenwelt. Sabine liebte Pferde über alles und ihr Freund war extrem eifersüchtig auf sie gewesen. Die Eifersucht war nicht verschwunden und so erpresste er Sabine in der Zwischenwelt: „Wenn du ins Licht gehst, verletze ich Pferde!“ Und er tat es auch. Und sie musste tatenlos zuschauen und konnte sich nicht wehren! Sie litt sehr und er war in seinem eifersüchtigen Wahn gefangen und ohne jedes Mitgefühl! Zum Glück gibt es Medien. Wir können dem ein Ende setzen und zugleich helfen, zu heilen, zu verzeihen und ins Licht zu führen.

Mit meinem Versprechen, dass Tinu den Pferden nichts mehr tun könne, schwebte Sabine mit den Engeln glücklich ins Licht. Mit Tinu musste ich stundenlang diskutieren und erklären, was hier so abging. Nach dieser langen Diskussionsnacht ging er mit Erzengel Michael ins Licht, aber nur mit dem Versprechen meinerseits, wenn es dort nicht toll sei, dürfe er wieder in die Zwischenwelt zurückkehren.

Diesen Spruch brauche ich ziemlich oft, das überzeugt dann doch fast alle Seelen.

Viele Seelen in den Zwischenwelten haben auch Angst, ins göttliche Licht zu gehen, weil sie denken, sie wären unwürdig, um zu Gottvater zu gehen, oder sie haben Angst, dass Gott sie wegen ihrer Fehler bestraft. Aber jeder Mensch macht Fehler! Doch Gott ist unser wunderbar liebender himmlischer Vater und wird uns nie bestrafen!! Er ist die pure Liebe und pure Liebe kann nicht bestrafen!

Ich lernte wieder mal aufs Neue, dass verstorbene Zwischenweltseelen genauso respektlos und verletzend sein können wie Menschen aus Fleisch und Blut!

Sämeli

Eine Familie mit drei kleinen Kindern hat von meinen medialen Fähigkeiten gehört und bittet mich um Hilfe.

In Meditation nehme ich mit diesem Geist, der besonders dem 2-jährigen Jungen Angst macht, Kontakt auf. Ich „sehe" einen alten Mann, graue Haare – zerzaust und einen Bart. Er wurde in dem Haus, in dem jetzt die Familie wohnt, geboren und ist dort auch verstorben. Sein Leben: verwahrlost und sehr einsam. Schulkinder necken ihn ziemlich grob. Alle haben auch Angst vor diesem „kurrligen" alten Kauz, darum gehen sie ihm aus dem Weg. Er geht mit einem Karren in den Wald Holz holen, sein „Bäri" (Hund) begleitet ihn. Er wurde ca. 1860 geboren. Seine Eltern starben sehr früh, er und seine Geschwister waren noch Kinder. Seine zwei jüngeren Schwestern kamen in Pflegefamilien. Er wohnte von da an alleine in diesem alten zugigen Klapperhäuschen. Er war Tagelöhner bei Bauern und in einer Sägerei.

Ich frage ihn: „Wie heißt du?“ Er gibt mir keine Antwort. Er ist sehr griesgrämig, weil ich ihn störe. Er weiß noch nicht, dass er in der geistigen Welt ist, also verstorben ist. Dann frage ich ihn ganz sanft: „Wie hat dich deine Mutter gerufen?“ Jetzt schaut er mich das erste Mal an, seine Augen strahlen vor Liebe und er sagt: „Sämeli.“ Er liebte seine Mutter sehr! Nun kann ich besser mit ihm im Geiste sprechen, er hört mir zu. Ich frage ihn: „Was ist passiert?“

Bäri, seine Katze und er lebten in dem alten Häuschen. Es war ein extrem kalter Winter, er musste in der Nacht aufstehen, um Holz in den Küchenofen zu geben. Sämeli schlurfte, noch nicht ganz wach, in die Küche, um Holz nachzulegen. Da passierte das Unglück. Er kann mir nicht sagen, wie es passiert ist. Er wollte das Feuer löschen, aber konnte es nicht. Er ist mit seinen geliebten Tieren gestorben. Er hat nicht „gemerkt“, dass er nun in der geistigen Welt lebt, also ist er jeden Tag mit seinen Geisttieren seiner Arbeit nachgegangen.

Später wurde auf seinem Grundstück ein Schulhaus gebaut, und jetzt ist es ein Wohnhaus und der kleine 2-jährige Junge störte den alten Samuel sehr in seiner

Ruhe. Darum hat er dem Jungen Angst gemacht und ihn sogar gezwickt! Zusammen mit Erzengel Michael und Sämelis Mutter begleiten wir den lieben knurrligen Samuel mit seinen Tieren ins göttliche Licht!!

Mehrere Geister in einer Wohnung

Emmi und Albert – ein „Geist"-Ehepaar – haben viele Streitereien und wissen nicht, dass sie gestorben sind. Sie lassen mich in ihr Leben blicken. Ihre Wohnung, die neben dem Friedhof lag, wird nun renoviert. Die Renovierung mit viel Lärm und Dreck findet das verstorbene Ehepaar furchtbar! Auch Katzen dürfen nicht in der Wohnung gehalten werden! Die neuen Mieter haben zwei Katzen, die stark auf die Geister reagieren. Emmi hat die „Hosen" an, Albert verkrümelt sich vor den TV. Er spielte früher Fußball und arbeitete in einer riesengroßen Gießerei. Sie hatten keine Kinder. Emmi würde gerne eine Thunersee-Schifffahrt machen oder mal einen Ausflug aufs Stockhorn, den Niesen oder so, aber Albert hat keine Lust. Sie zanken sich sehr oft. Emmi ist als Bauernmädchen aufgewachsen. Sie hatte auch einen Garten. Albert hat nicht gerne im Garten gearbeitet, er konnte nur mühsam atmen. Emmi hatte Arthritis und Arthrose, sie war aber die „Quartier Zeitung" … und redete sehr viel!

Albert geht nun glücklich zu seinen Lieben ins Licht! Ich frage Emmi: „Habt ihr in dieser Wohnung gewohnt?“

„Ja, als die Wohnquartiere gebaut wurden, zogen sie in diese Wohnung, später noch ein paar Jahre ins Altersheim und nach ihrem „Tod“ kamen sie wieder zurück, in ihre Wohnung!!! Emmi geht nun auch zusammen mit Erzengel Michael ins Licht der LIEBE!

Da sind noch mehr Seelen vom Friedhof. Ein Mann, er hat Selbstmord begangen. Er findet die junge Frau, die jetzt da wohnt, toll. Aber es stört ihn, dass die Katzen ihn sehen und verraten. Ich möchte ihm helfen, ins Licht zu gehen. Er denkt, das darf er nicht, weil er Selbstmord begangen hat. Er heißt Jürg und ist sehr sensibel, theatralisch und humorvoll und sieht gerne „grusegi“ Horrorfilme, die für die Seele so schädlich sind. Er nimmt seinen Kopf unter den Arm, lacht und geht ins Licht!!!

Noch ein Geistmann, Chlöusu, wohnte in dieser Wohnung. Er wurde durch „Actionfilme“ angezogen, die das junge Ehepaar sich gern anschaute. Diese Filme haben eine negative Ausstrahlung und ziehen Energie aus der Astralebene an. Er geht nun ins Licht.

Dann ist da noch eine Frau – drogensüchtig. Sie kommt regelmäßig zu den in der Wohnung stattfindenden Partys. Ich begleite sie ins Licht. Ihren Freund „Pädu", ebenfalls drogenabhängig, kann ich auch überzeugen, ins Licht zu gehen!

Tipp: Ablösungsgebete von Anton Styger von ganzem Herzen lesen! Und diese Seelen zusammen mit Erzengel Michael und Jesus ins LICHT begleiten!

Drei Männerseelen in einer Alphütte

Drei Knechte, Älpler, „wohnen" immer noch in der Alphütte!

Sie wohnten nach einander im Tal bei Bauern und im Sommer auf der Alp beim Vieh. Die drei brannten ihren Enzian Schnaps selber. Als der erste Knecht starb, „half" er dem nächsten Knecht aus dem Zwischenbereich, genauso zu leben wie er zuvor. Arbeiten, nach dem Vieh schauen, Käse und Brot essen, oft sehr altes Brot, an dem die Mäuse schon geknabbert hatten, oder es schimmelte! Selten gab es eine magere Suppe, Fleisch nur, wenn ein Tier verunglückte und nicht mehr zu retten war. Es war eine ausschließliche Guschti Alp (Rinder Alp), manchmal hatten sie noch ein oder zwei Ziegen für die Milch.

Hans, geb. 1721, sehr hager, struppig, mürrisch, unglücklich – hätte auch gern eine Frau und Familie gehabt. Er hatte kein Geld und konnte nur als Knecht arbeiten. Aber er liebte die Alp und ihre Freiheit mit den Tieren! Er fütterte einen Fuchs, der so zutraulich wurde und ihm aus der Hand fraß. Er liebte diesen Fuchs. (Ich sehe ihn strahlen, seine Augen leuchten vor Freude beim Erzählen!!) Am Abend trank er aus Einsamkeit und Traurigkeit seinen Enzian Schnaps, bis er schlafen konnte.

Hans war als 10-jähriger Bub auf die Alp gekommen und arbeitete von da an immer alleine dort oben. Nach seinem Tod kam der damals 12-jährige Ernst. Er musste in den Wald holzen gehen, damit er heizen und kochen konnte. Er ist etwas kleiner als Hans, jedoch stark und stämmig. Anfangs hatte er große Angst in der Nacht auf seiner Heupritsche.

Hans „wusste" nicht, dass er gestorben war und arbeitete mit Ernst zusammen weiter und verleitete diesen zum Schnapsbrennen und Trinken! Ernst wurde nur 43 Jahre alt.

Dann kamen andere Knechte auf die Alp. Sie spürten jedoch Hans und Ernst und hatten Angst vor den „Geistern". Bis Johann auf die Alp kam. Er war schon 20 Jahre, arbeitete hart und liebte die Alp sofort. Er betreute auch Milchkühe und machte Käse.

Johann war eine starke Persönlichkeit. Er kam auf die Alp, weil er die Frau, die er liebte, nicht heiraten durfte! Er wollte Abstand gewinnen. Gelernt hatte er Zimmermann, und so renovierte er die Hütte. Er liebte die Arbeit und das Älpler Leben. Johann trank nur wenig Enzian Schnaps, er war stark und ließ sich nicht beeinflussen von Ernst und Hans. Etwa 30-jährig arbeitete er auf dem Dach beim Kamin und fiel herunter auf einen großen Stein und verletzte sich so sehr, dass er starb. Entkörpert ist er auf der Alp geblieben.

In meiner Meditation ruft mich eine Kinderstimme, die Stimme kommt vom Stall. Ich gehe in den Stall und sehe einen Knaben. Peter kam um das Jahr 1900 als Verdingbub, etwa 8-jährig, auf die Alp, um zu arbeiten. Er ist sehr scheu und musste im Stall auf Stroh schlafen. Vor Hunger trank er, wenn es niemand sah, direkt vom Kuh- oder Ziegeneuter Milch. Er hatte seine Lieblingskuh und schlief immer bei ihr. Ich „sehe“ ihn sehr mager mit großen scheuen Augen. Peter wurde als Kind schwer krank und starb auf der Alp. Die Älpler haben ihn dort oben begraben und ein Holzkreuzlein zum Andenken aufs Grab gestellt. Peter ist sehr glücklich, dass ich ihn gefunden habe. Er geht sehr gerne ins Licht zu seinen Lieben!

Der Geist von Hans versucht alle Hüttenbesucher und Bewohner zu verleiten, zu viel Alkohol zu trinken. Es macht ihm „Spaß“, die Menschen zu verleiten.

Er ist, auch mit Hilfe eines hübschen Nachbarmädchens, ins Licht gegangen.

Ernst wurde von seiner Schwester abgeholt und mit ihr zusammen ins Licht begleitet. Er hatte sich gewünscht, dass sie ihm hilft. Nun ist er sehr glücklich.

Johann wurde von seiner großen Liebe Adelheid abgeholt und ist nun sehr glücklich. Er ist dankbar, dass ich ihnen helfen konnte.

Das Porzellanpuppenbein – Weihnachten in einer Emmentaler Alphütte

Die Sonne scheint durch die Wolken, es hat nur sehr wenig geschneit. Es ist wunderschön, diese Stille der Natur!

Ich bete für die Seelen in der Zwischenwelt, dass sie ins Licht begleitet werden. Sie haben auf mich gewartet. Sie wussten, dass ich an diesem Tage komme. Ich fühle mich sehr geehrt, als Medium helfen zu dürfen!

Manche wollen, bevor sie „gehen“, mir ihre Geschichte erzählen. Dann darf ich erleben und sehen, wie Millionen Seelen von Menschen und Tieren ins Licht geführt werden! So etwas habe ich noch nie sehen dürfen. Wundervoll, göttlich!! Aus den Gräben über die Hügel kommen Seelen. Auch kleinste Lebewesen wie Gräser, Mücken, Ameisen und Käfer sind nun „befreit“ worden und mit leuchtenden Körpern mit Engeln, Feen und Elfen ins LICHT getragen worden!

Es ist ein unbeschreibliches Gefühl, das zu sehen! DANKE! Mit diesen wundervollen Bildern schlafe ich ein.

Trotzdem habe ich am Morgen Zweifel an diesen wunderbaren Bildern und Geschichten, die mir die geistige Welt und Engel gezeigt haben. Das ist doch bloß meine Fantasie, ich habe zu viele Bücher gelesen, zu viele Filme gesehen etc. … All das kann nicht real sein!! Ich spinne doch!

Ich muss mit Kimama, meinem medialen Hund, hinaus in die Natur, frischen Wind, Kälte, meinen Kopf abkühlen lassen, um wieder klar denken zu können!

Wir laufen um das Haus herum und ich finde auf der Mauer ein Porzellanpuppenbein. Das war gestern noch nicht da! Da bin ich mir ganz sicher! Es ist nicht versteckt, nein, es liegt einfach auf der Mauer für jeden Menschen gut sichtbar!

Puh … Das ist sehr real! Wow!! Das ist ein Hinweis, ich weiß es!

Wieder im warmen Haus, will ich unbedingt die Geschichte von dem Beinchen wissen.

Ich zünde Kerzen an und meditiere.

Doch die geistige Welt sagt mir klar und deutlich:

„Wenn du uns nichts glaubst, was wir dir bisher an Einblicken und Geschichten geschenkt haben, dann hat es für uns keinen Sinn, mit dir weiter zu arbeiten. Denke darüber nach."

Ich bin extrem beschämt, es tut mir sehr leid. Ich zweifelte nie an euch, nur an meinem Verstand, oder ist es ein und dasselbe???

Als ich „DAS" mit meinem Kopf geklärt habe und ich die geistige Welt und Engel um Verzeihung gebeten habe, tauchte ich mit Hilfe von Kimama in „DIE" Geschichte ein!

Das Beinchen ist ungefähr 100 Jahre alt. Es ist ein realer Hinweis für mich, ich brauche das.

Wer hat es dort hingelegt? Die Vögel im alten Ahorn wissen es, sie haben mich schon aus dem warmen Bett gepfiffen. Es sind Drosseln, große Vögel mit rotbraunem Bauch und Kopf, etwa 30 Stück. Ich kenne sie nicht.

Es ist das linke Füßchen, der große Zeh ist schwarz, erfroren oder verbrannt?

Die Engel und Guides führen mich ins 18. Jahrhundert.

Eine Familie wohnt in Burgdorf, sie haben ein einfaches und schönes Leben. Der Mann, Walter, hat eine Hufschmiede und Schlosserei, er repariert auch Zaum-

Sattel und Pferdegeschirre. Annarös ist Hausfrau und Mutter dreier kleiner Mädchen, sie ist kräuterkundig und macht Salben und Heilöle, um Menschen und Tieren zu helfen. Sie lacht und singt gerne bei der Arbeit und mit ihrer geliebten Familie.

Nach der Wundbrand-Heilung einer Nachbarsfrau, hat deren Mann gesehen, wie Annarös ihre Hand auf die Wunden legt und für Heilung betet.

Er erzählt nun überall herum, dass sie eine Hexe sei. Seiner Frau konnte sonst kein Arzt mehr helfen, der Wundbrand breitete sich aus, die Frau war dem Tod geweiht. Und so entstanden schlimme Verleumdungen, öffentliche Verspottung und dann die Verfolgungen.

Bald kann Annarös nicht mehr aus ihrem Haus, weil sie Angst um ihr Leben hat. Dann verhöhnt und verspottet das Volk auch ihre Kinder. Ihr Mann bekommt keine Arbeit mehr, sie werden geächtet. Eines Nachts stürmt der Pöbel mit Fackeln das Schmiedehaus, sie schleppen die Frau und ihre Kinder an den Haaren in ihren Nachthemden auf die Straße – es ist die Hölle! Diese aufgebrachte Meute – diese Todesangst – es ist so schlimm! Alle rufen: „Verbrennen wir diese Hexe mit ihrer Brut!“ Da kommen die berittene Polizei und Wachmänner – sie packen die Frau und ihre Töchterchen, ziehen sie auf ihre Pferde und bringen sie in den Schlosskerker. Sie retten sie vor der aufgebrachten

Meute. Annarös' Hoffnung, dass ihre Kinder gerettet werden, ist groß! Der Mann darf seine Familie im Kerker besuchen, jedoch nicht berühren.

Die Gerichtsverhandlung kommt, die Mädchen klammern sich ängstlich an ihre Mama. Vor der Gerichtsverhandlung haben die Obrigkeiten im Städtchen und in der Umgebung aufgerufen, dass jeder, den Annarös einmal berührt und geheilt habe, eine Aussage machen müsse.

Die Gute hat sehr vielen Menschen und Tieren geholfen, denen kein Arzt mehr helfen konnte. Oft wurde sie bei Nacht und Nebel zu den Kranken und Sterbenden geführt, so dass sie niemand sah. Sie wusste, sie konnte helfen, aber wusste, sie hätte das nicht tun dürfen! Nach dem damaligen Gesetz! Ihr starker Glaube hat ihr geholfen. So sagte sie sich: „Du machst nichts Falsches, im Namen Gottes und Jesus Christus heile ich, also kann diese Heilung nicht falsch sein!"

Sehr viele der geheilten Menschen kommen zur Gerichtsverhandlung ins Schloss, die meisten wollen ihr helfen. Sie lieben und schätzen sie. Doch die Ärzte und Pfaffen drehen durch diese Aussagen Annarös einen Strick. Und was ganz schlimm ist – auch das Todesurteil der geliebten Mädchen! Die Richter haben Angst, die Töchter hätten die „Hexen"-Gabe geerbt! So wird die Mutter mit ihren Mädchen in einem Pferde-Käfig-

Karren in einer Prozession auf den Galgenhügel hinter der Alphütte transportiert.

Die Seele einer Hexe wollte man weit weg von Wohnhäusern verbrennen, nicht dass sie als Geist zurückkam! Walter hatte alles versucht, um das Schreckliche zu verhindern, um seine Familie zu retten. Leider kann er nichts tun. Er muss mit ansehen, wie seine gefesselte Frau zusammen mit seinen geliebten kleinen Mädchen ins Feuer geworfen wird.

Der Ehemann und Familienvater Walter wird Alkoholiker, er kann diese schrecklichen Bilder nie aus seinem Kopf verdrängen. Er erfriert in einer kalten Winternacht in einer Gasse von Burgdorf.

Erzengel Michael, Zadkiel, Metatron, Uriel und Daniel helfen Annarös, Walter und ihren drei kleinen Töchtern, dass sie ALLEN Beteiligten vergeben und verzeihen können! Nun begleiten die Erzengel die Familie ins Licht!

Sie, diese arme Familie, musste mir ihre „Geschichte“ vom Leben erzählen, deshalb wollten sie letzte Nacht nicht mit den anderen ins Licht gehen.

Aus diesem Grunde haben sie das verbrannte Puppenbeinchen auf die Mauer neben das Haus gelegt. Ich sollte mit diesem Hinweis meditieren, damit sie mir alles erzählen und ihren Peinigern vergeben können.

Für mich ist das eine sehr schlimme Lebensgeschichte. Es stimmt, ohne den Puppenbeinchen-Beweis wäre diese Geschichte für mich zu grausam, zu unreal gewesen!

Ich verabschiede mich von der verzauberten, wunderschönen, schneebedeckten Alp und ihrem tollen Haus. Der ehemalige Galgenhügel ist nun ein riesiges wunderbares Tor in die Anderswelt, ins Licht und in die LIEBE!!

Wieder zu Hause beim Rucksackauspacken rutscht das Porzellanbeinchen heraus, fällt auf den Boden und zerbricht. Oh nein!!! Warum?

Die Engel sagen mir: „Das ist passiert, damit du siehst, dass das Beinchen verbrannt wurde. Es ist auch innen verkohlt. Meditiere weiter mit ihm, Marianne. Die Geschichte geht weiter."

Ich repariere es. Ein solches Geschenk von der geistigen Welt, was für eine Ehre!

Ich begebe mich in Meditation und meditiere auf das zusammengeleimte Porzellanfüßchen und weiß mit einem Mal, woher meine Albträume in der Kindheit kommen!! Jede Nacht wurde ich verfolgt, gehetzt und verbrannt. Sehr oft rannte ich weit weg zum Zwärgli Skilift. Dort stimmte die Neigung, um abzuheben, um fortzufliegen. Fast jede Nacht ca. 13 Jahre lang quälten mich die Verfolger! Ich kann diese Träume noch heute genau beschreiben. Es war sehr schlimm!!!

Jetzt weiß ich endlich auch, warum ich Kräuter-Tinkturen, Salben und Öle schon als 20-Jährige herstellte, wie meine Großmutter Rosa.

Ich bin diese junge Mutter, die mit ihren geliebten Mädchen verbrannt wurde. Wahnsinn!! Irrsinn!!

Das tut so weh, ich liebte Walter sehr und er mich, wir hatten eine herzliche Familie.

Annarös wurde nicht wegen des Heilens verbrannt, es hatte andere Hintergründe – Macht, Dominanz, Eifersucht? Das Heilen war „nur" ein Vorwand. Da bin ich mir sicher, wir finden es heraus!

Mein jetziger Hund Kimama teilt mir gerade mit, dass sie damals unser Familienhund war – Bella, ein großer „Zottelbär" – und alles miterlebt hat und nicht helfen konnte. Sie ist medial und hilft mir, die Schleier wegzuschieben. Diese Zusammenhänge! Unglaublich!

Sie blieb damals bei Walter und beschützte ihn so gut sie konnte. Er fand nie mehr in sein Leben zurück und ist betrunken in einer Winternacht erfroren. Bella war bei ihm und wollte ihn schützen. Sie hatte keine Chance. Nach Walters Tod läuft sie weg, frisst nicht mehr und stirbt mit traurigem Herzen.

Seelenbegegnungen um Weihnachten

Madeleine Rüegsegger

Langsam bricht die Nacht heran auf der Stauffenchnubel Alp, der Sitz-Ofen gibt eine gemütliche Wärme ab. Ich will mein Essen kochen, eine Geistfrau kommt zu „Besuch". Sie heißt Madeleine Rüegsegger, alle rufen sie Mädi. Ich sage ihr, dass Sie doch bitte später kommen soll, ich möchte zuerst essen. Sie meint nur, beim Kochen könnten wir doch gut reden, sie warte schon lange auf meinen Besuch. Na ja, das stimmt ja schon, also leg los, was möchtest du mir erzählen?

Es ist das Jahr 1481, sie ist hier ganz in der Nähe auf der Wanderung gestorben. Sie ist etwa 16 Jahre alt und wird von einem angesehenen dorfbekannten Familienvater vergewaltigt. Sie muss weg von zu Hause, bevor alle den wachsenden Umstandsbauch bemerken. Wegen des Geredes im Dorf.

Der Winter steht vor der Tür. Ihre Mutter gibt ihr die wärmsten Kleider, die sie hat, und ein Essenbündel mit auf den Weg. Sie soll Richtung Langnau oder Bern und schauen, dass sie eine Anstellung als Haushalthilfe bekommt. Sie wandert von einem Hof zum andern und kann ein paar Tage bleiben und arbeiten. Auf einem Hof lebt eine wunderbare Frau. Dort kann sie bleiben, bis man ihr wachsendes Bäuchlein sieht. Die Frau hat nun Angst, dass die Leute ihren Mann beschuldigen könnten. Madeleine muss weiter. Die Frau gibt ihr viel und gutes Essen mit auf den Weg. Mädi läuft Richtung Langnau. In der ersten Nacht kann sie in einem alten Stall schlafen.

Am Morgen hat es viel Neuschnee, es tobt ein Schneesturm. Sie verirrt sich und verkriecht sich bei einer Tanne unter deren schützenden Ästen. Mädi erfriert in dieser Winternacht, ganz in der Nähe, wo später die Stauffenchnubel Hütte gebaut wurde. Das Kindlein in ihrem Bauch war Simon. Beide spürten nichts von ihrem Übergang zurück in die geistige Welt. Es geschah in der Weihnachtsnacht, und deswegen bin ich in der Weihnachtsnacht hier in diesem Haus auf dieser Alp und kann Mädi helfen, mit den Engeln ins Licht zu gehen. Im Frühling finden Hirten das Mädchen und begraben es. Sie war viele Jahre in der Zwischenwelt und hat die Zeit genutzt für ihr Seelenwachstum.

Gottfried

Abends nach einem schönen Winterspaziergang mit Kimama sitze ich auf dem warmen Ofen und trinke Tee. Da stupst mich der Urgroßvater von Marianne an, er sitzt auch da! Er ist sehr lieb und sehr erd- und naturverbunden. Er weiß noch nicht, dass er ins Licht gehen könnte und eigentlich „verstorben“ ist. Er hat so viele Schmerzen im Körper, dass er nach dem ersten Schrecken sehr gerne ins Licht geht! Er heißt Gottfried oder Gottlieb und sagt mir, der Ofen sei nie kalt gewesen. In seinen Gedanken war er immer warm – also war er warm, auch wenn er kalt war. Er geht jetzt ins Licht!! Danke, Gottvater, geliebter Jesus und Mutter Maria, ich danke euch von Herzen für den liebevollen Empfang für Gottfried!!!

Luise

Da kommt Luise! Ich begleite sie ins Licht zusammen mit Erzengel Michael! Sie wollte für mich noch Brennholz sammeln, dass ich es nicht kalt habe. Erst als ich ihr in Gedanken das viele Brennholz zeige, glaubt sie mir und geht sehr glücklich ins Licht zu ihren Lieben!

Fritz

Da erscheint Fritz – Luises Mann. Er ist sehr dankbar für meine Hilfe, denn er ging wegen seiner innig geliebten Frau nicht ins Licht. Er wollte bei ihr sein. Jetzt folgt er Luise liebend gerne und dankbar ins Licht der Liebe!!

Der Himmelstor-Hügel

Ich dachte an diesem Abend schon: Jetzt kommen keine weiteren Seelen mehr! Aber das war nicht so. Aus den Wäldern und Gräben, von überall kamen sie – dieser Hügel war einst mal ein Henkershügel und Hexenverbrennungsort. Mit Ross- und Ochsenkarren in Käfigen schleppten sie die Verurteilten auf den Hügel – weit weg von Wohnhäusern, so dass die verlorenen Seelen nicht in die Häuser ziehen konnten. Aus dem Schreckenshügel ist nun ein LIEBESTOR-HÜGEL geworden!!! Ein Tor in die Anderswelt! Ein Durchgangstor!! Auf dem Hügel öffnete sich das Himmelstor und alle Seelen konnten nun durch dieses Tor ins LICHT gehen!!!

Claire

Da erscheint ein ca. 4-jähriges blondes, blauäugiges hübsches Mädchen. Es ist Claire, genannt Klärli. Was ist mit dir passiert? Sie hatte einen Unfall, ist in den Bach gefallen und ertrunken. Wann? Vor ca. 30 Jahren. Ihre Mutter leidet immer noch sehr. Wo ist deine Mam? In der Stadt Bern. Klärli geht nun ins Licht, so kann sie ihrer Mutter den Weg zu mir oder einem anderen Medium besser zeigen. Um ihrer Mutter helfen zu können und ihr Nachrichten von Claire übermitteln zu dürfen. Um ihr sagen zu können, dass es Claire gutgeht und sie immer bei ihrer Mutter ist und niemanden eine Schuld trifft!! Es war ein Unfall, es war vorbestimmt, Schicksal!!

Peterli

Ig sitze im warme Stübli ir Stauffenchnubel Hütte, i gnieße mini Rueh, s Holz im Gebälk knarrt u rugget vom bisige Schneeluft, s Cherze Liecht git mir so ä wärmi id Seel u s Älplerkaffee im Chacheli i Buch. I ha so viel Gschichte vernoh vo hie obe, so viel Schwärs und Ungloublichs, aber ig ha so vielne Seele dörfe hälfe is Liecht zga, das macht mi sehr glücklech! Da isch grad ume eini wo achlopfet! Wär bisch du? Der chlin Peterli, wo im Stall bim Chueli zueche gstorbe isch, chunt cho äs Bsüechli mache. Är stuunet, was us där Hütte worde isch u wie heimelig, dass sie jetz isch! Är isch voller Liebi u het allne verzeiht u läbt ir Glückseeligkeit!!! Är lat sich jetzt la usbilde das Är als Geischtfüehrer cha de Mensche hälfe! Das freut mi sehr für di, liebe Peter!

Vielen herzlichen Dank, dass ich in eurer Alphütte Weihnachten verbringen durfte. Ich hatte eine wundervolle lehrreiche Zeit, ich werde sie NIE vergessen.

Reinigung eines Bauernhofs

Der Vater (er ist in der Geistwelt) kommt und will mir helfen.

Es freut mich sehr, ah, sein Bruder kommt auch noch! Auf dem Grundstück sind Menschen- und Tierseelen. – Mein Hund Kimama zeigt mir einen Behinderten, er kann nur schleppend laufen – er ist durch ein Unglück gestorben. Darum „hilft“ er immer noch auf dem Hof. Da war ein Pferdefuhrwerkunfall – er starb an der Unfallstelle – vor ca. 300 Jahren. Er heißt Josef – die Erzengel geleiten ihn ins Licht!!!

Da war noch ein Unfall auf dem Hof, so wie ich es „sehe“. Selbstmord – ein Mann – mittleren Alters – hatte großen Streit mit seinem Bruder – es ging um eine Frau und den Hof!

Ich sehe viele Kinder, sie lachen und sind sehr fröhlich, sie haben eine sehr liebe Mutter! Sie singt und lacht sehr viel und segnet ihre Familie, Haus und Hof sehr oft und von Herzen! Ich sehe sie beim Backen, Kochen und im Garten singen! Sie hat sehr viel Negatives vom Hof ins Positive gelenkt! Liselotte war ihr Name, genannt Lisi! Sie beschützt Menschen, Tiere, Haus und Hof immer noch!!!

Es verkrümeln sich ein paar – komische Wesen in alle Ecken. Ist aber nicht schlimm, das Grundstück mit allen Häusern wurde schon oft gründlich gesäubert, jedes Gebet reinigt.

Neid, Flüche – böse Gedanken können wieder „seltsame“ Kreaturen anziehen. Wenn jedoch ein Lichtkreis in Gedanken um das Grundstück gezogen wird – und immer mal wieder, können sich solche nicht mehr einnisten!

Eine sehr alte Frau und ihr Sohn möchten auch ins Licht! Da kommen noch Tiere, ein alter Hund, Katzen, Kühe, Schweine etc. Alle werden ins Licht geleitet! Erzengel Michael hat jede Seele, auch die kleinste ins Licht begleitet!

Euer Zuhause, liebe Freunde, ist wundervoll, voller LIEBE WIE IHR!!!!

Seelen-Reading mit einem Ehepaar

Ich kann mit Hans Kontakt aufnehmen. Er ist sehr sanft, eher schüchtern. Hans ist nicht wohl in seiner Haut. Er weiß oft nicht ein und aus! Ich sehe viele verlorene Seelen, die wie Kletten an ihm hängen. Es ist eine schwere Last. Er könnte so zwischen 50 und 55 Jahre sein Leben noch ändern, wenn er will! Er kann aber auch so weiterleben, denn er hat einen freien Willen. Ändert er sich nicht, wird er weitere Inkarnationen erleben, bis er lernt, seinen Mann im Leben zu stehen und sich nicht nach anderen zu richten.

Kimama verrät mir gerade, dass seine Frau auf die Nachbarn ziemlich eifersüchtig ist. Sie „tratscht" gerne und man muss aufpassen, was man ihr sagt. Auch bemuttert sie ihren Mann zu sehr. Dadurch wird er noch unselbstständiger, unsicherer darin, was er will, und kränkelt immer mehr! Ich sehe ihn fast zusammenbrechen von seiner Last, von den Seelen – auch negative hängen an ihm. Ich konnte zusammen mit Kimama und Erzengel Michael alle ins Licht schicken mit der Segnung von Gottvater und Jesus! Aber seine Frau schleppt ihm immer neue heran, unbewusst. Er sollte stärker gegen seine Frau werden und Jesus glauben, dass er befreit ist – er wird aber mit viel Religiösem von seiner Frau „zugeklebt“! Sein Vater ist sehr dominant – Recht und Ordnung!! Fritz!! Die zwei haben ein Geheimnis zusammen. Das ist etwas, was ich nicht wissen soll – hat aber nichts mit einem Brand zu tun. Hans hat gesehen, dass sein Vater etwas Unrechtes getan hat. Das erdrückt ihn auch noch und so lädt er sich freiwillig Gesindel auf. Hans hat kein Selbstvertrauen. Ob wir ihm helfen können? Er muss sich selber helfen wollen!!

Er sollte von seiner Frau nicht so stark bemitleidet werden, sonst sinkt er immer tiefer in die Selbstbemitleidung und bekommt allmählich das Gefühl, dass so das normale Leben ist. Er sieht diesen Zustand als Lebensinhalt und zieht eine Krankheit nach der anderen an. Er hat noch lange Zeit, sein Leben zu ändern, oder er will es so haben, wie es ist!!

Ueli

Für ihn war diese Welt zu schwer. Er sah keinen anderen Ausweg mehr, als nach Hause ins Licht zu gehen. Hat er Selbstmord gemacht?

Ich bitte unseren himmlischen Vater, Jesus, den heiligen Geist und Erzengel Michael um Hilfe – Ueli zu suchen.

Mit ihrer Hilfe finden wir ihn schnell. Er sitzt zusammengekauert in seinem Schock und schwersten Verletzungen. Ohne jede Selbstliebe und Selbstvertrauen, einfach traurig, traurig, traurig. Ich rufe ihn, er antwortet mir nicht, er ist wie in einer Wolke. Ich tippe ihm mit dem Finger auf den Rücken, er ist sehr verwundert, dass ich bei ihm bin. Er erkennt mich sofort, obschon ich ihn im Leben nicht gut gekannt habe. Ich spreche mit ihm, dass er mich anschaut, doch er hat so schwere Verletzungen, dass er sich nicht traut mich anzuschauen.

Er ist in einem unglaublich tiefen, entsetzlichen Schock.

Ueli antwortet mir nur mit ja und nein.

Ich arbeite ein paar Tage mit ihm, aber ich komme nicht weiter. Er will mir seine Verletzungen nicht zeigen, worüber ich auch sehr froh bin, denn ich fühle so sehr mit ihm! Aber so kommen wir nicht weiter. Seine lieben Großeltern und Eltern habe ich um Hilfe gebeten. Sie trösten Ueli und streicheln ihm den Rücken, sie umgeben ihn mit soooo viel Liebe und Trost, hunderte Engel wirken genauso, tagelang.

Ich gebe Ueli Zeit. Er fängt langsam an, diesen Trost, diese wunderbare Liebe zu genießen, und langsam kommt er etwas aus seinem Schock heraus und spricht mit uns, aber immer noch in der kauernden Stellung, Kopf vornübergesenkt. Dann bitte ich Erzengel Raphael, unseren Heiler, Ueli zu helfen und seine Verletzungen zu heilen! Es ist ein wunderbarer Anblick, wie sich die Wunden schließen. Und langsam begreift Ueli, dass er wieder heil ist. Wie in Zeitlupe steht er auf und schaut in die Runde, er sieht wunderschön aus! Er versteht langsam, dass er in der geistigen Welt inmitten seiner Eltern und Großeltern ist! Sie umarmen sich alle und trösten weiterhin ihren Ueli und streicheln ihn.

Als ich ihm sage, er könne nun mit allen zusammen ins Licht gehen, will er nicht. Er sagt, er sei dieses göttlichen Lichts unwürdig, er dürfe nicht dorthin gehen.

Dieser Prozess dauert tagelang und ich arbeite jeden Tag stundenlang mit ihm, mit allen Tricks und überaus großer Liebe zu ihm. Auch mit den Engeln und Ahnen zusammen will er sich nicht überzeugen lassen. Er hat kein Selbstvertrauen, keine Selbstliebe. Nur Trauer und eine tief verletzte Seele.

Dann kommt mir Peter, mein Freund, der schon in der geistigen Welt ist, zu Hilfe. Er hatte Ueli als junger Mann gekannt, was ich nicht wusste. Peter war ein Extrembergsteiger und Sportler, es passt also gut zusammen. Als Peter dann noch die Idee hat, dass sie zusammen mit dem Bike ins Licht fahren könnten, ist es plötzlich ein Leichtes, und Ueli radelt direkt ins Licht mit Peter als Begleiter und Helfer!

Ich bin nach 2 Wochen intensivem Arbeiten mit Ueli sehr glücklich für ihn und seine Lieben, dass er nach Hause gefunden hat!!! Es geht ihm sehr gut, er lernt gerade, sich ohne Schwerkraft fortzubewegen. Er macht Faxen und Purzelbäume und kommt aus dem Staunen nicht mehr heraus. So wunderbar ist es zu HAUSE im LICHT bei seinen Lieben, die ihm alle helfen glücklich zu sein!

Anmerkung
Das Arbeiten mit Seelen in der Zwischenwelt ist nicht anders, als wenn diese lieben Seelen noch in Fleisch und Blut wären. Mit dem sogenannten Tod ändert sich ihr Geisteszustand nicht. Der Schock, die Trauer – alles ist noch da und muss verarbeitet werden. Es gibt viele Diskussionen mit den Seelen, zum Beispiel konnte Ueli nicht verstehen, warum sein Bike plötzlich bei ihm war, er sagte das stehe zu Hause. In solchen Fällen erkläre ich ihnen, wo sie sind und wie das alles geht, so wie ich mit einem Menschen eben rede! Ich sehe dies alles, ich gehe in die Zwischenwelt zu ihnen. Mit Hilfe von Erzengel Michael und Tausenden Helferengeln finden wir

jede gesuchte Seele und können sie nach HAUSE führen.

Ohne göttliche Hilfe könnte ich diese wundervolle Arbeit, meine Berufung NIE ausüben und allen diesen Seelen ins Licht helfen! Ich bin sehr dankbar für meine Berufung und mein Talent! Ich darf eine Lichtarbeiterin sein, so wie wir alle in irgendeiner Form Lichtarbeiter sein dürfen, mit Gebeten und Liebe!

Gottfried, der Knecht

Eine junge Frau ruft mich an. Sie sagt, in dem alten Bauernhaus, in dem sie seit kurzem wohnt, komme ihr etwas komisch vor. Manchmal ist etwas verstellt oder es ist weniger Brot im Kasten als am Vortag. Ich gehe geistig in dieses Haus und finde Gottfried.

Er war sein Leben lang Knecht und musste sehr viel arbeiten, auch hatte er keine warmen Kleider und es war ihm immer kalt in den Wintermonaten. Im Alter saß er dann nur noch auf dem Trittofen, um sich aufzuwärmen. Sein Rücken war ganz krumm, er sah mager und sehr alt aus mit zerlumpten Kleidern. Zu essen bekam er meistens eine dünne Suppe, er hatte auch fast keinen Zahn mehr in seinem Mund. Er ist, nach unserer Zeitrechnung vor etwa 150 Jahren verstorben und lebte in der Zwischenwelt. Er wusste, dass etwas anders war. Er sah oft ein Licht, verstand aber nicht, was es bedeutete, und blieb lieber da, wo er war. Er hatte seine Mitbewohnerin sehr lieb, er hat ihr oft ein Stücklein Brot stibitzt oder einen Schluck Milchkaffee.

Ich begleite ihn nun Hand in Hand mit Erzengel Michael zum Licht. Er hatte Angst vor dem strafenden Gott und der Hölle. Ich versichere ihm, dass unser himmlischer Vater die pure Liebe sei und er keine Angst haben müsse, und er es im „Himmel“ nie mehr kalt habe und keine Schmerzen mehr verspüre. Zögernd, Hand in Hand mit den Engeln, gehen wir zum Licht. Ich verspreche ihm auch, dass er zurückkommen darf, wenn es ihm im Licht nicht gefiele. Mit diesem Versprechen kam er mit uns, löste meine Hand und schwebte mit den Engeln in die LIEBE ins göttliche LICHT! So schön!! Danke, himmlischer Vater und allen Helfern!

Paula mit vier Besetzungen

Paula ist nun im Licht nach einer sehr schweren Lebens-Erdenzeit mit vier Besetzungen.

Die erste Besetzung war Klara, eine jüngere Schwester von Paula. Leider war sie eine Totgeburt und sofort heftete sie sich an die fröhliche kleine Schwester Paula. Weil sie auch ein Leben wollte.

Die 2. Besetzung hieß Patrizia, sie war eine Ururgroßmutter von Paula und wollte noch mal ein Leben in

Fleisch und Blut leben, sie wollte nicht in die geistige Welt. Die Ururgroßmutter war eine stolze, herrische, wohlhabende Dame, die sich aufführte wie eine Patronin. Sie war groß, füllig, stemmte die Arme in die Hüfte und kommandierte. Sie besetzte das kleine Paula-Baby sofort, als es auf die Welt kam. Sie bestimmte von Anfang an, was zu tun war und was nicht. Sie befahl!!!

Die 3. Besetzung war ein Zwitter und sehr unglücklich in seinem schweren Leben. Er hieß Anton. Er hat sich ungewollt mit einem Schrotgewehr erschossen und schaute in die Mündung als dieser Knall in einer weißen, hellen Explosion endete. Darum hatte er Angst vor hellem Licht wie Scheinwerfer usw. Der Unfall geschah 1893, er war gerade 20 Jahre alt, ein Onkel von Paula und kam aus einer kinderreichen Familie. Anton wurde von allen Menschen verstoßen und nicht verstanden. Er wurde neben dem Friedhof „verscharrt". Niemand betete für ihn, dass er ins Licht gehen könnte, alle redeten nur schlecht über ihn wie zu Lebzeiten.

Eine Seele versteht jedes Wort, ob sie in der Zwischenwelt ist oder im Licht! Als er in der Zwischenwelt war, irrte er umher und fand keine Ruhe. Dann heftete er sich auch an Paula, um einen Halt zu haben.

Anmerkung

Aus diesem Grund sollten wir niemals schlecht über

eine Seele reden. Es schadet jeder Seele, sei sie noch in diesem Leben, in der Zwischenwelt oder zu Hause im Himmel.

Die 4. Besetzung hieß Walter und war Zimmermann. Mit 39 stürzte er von einem Dach herunter und starb. Er war verheiratet und liebte seine Frau sehr. Sie waren kinderlos. Seine Frau hätte gerne Kinder gehabt, ihm war das unwichtig, er hatte seine große Liebe in seiner Frau gefunden. Seine Frau heiratete nach dem Unglück nicht mehr. Walter blieb bei seiner Frau und begleitete sie im Leben, bis sie auch starb. Sie ging direkt ins Licht. Leider folgte er ihr nicht, sondern blieb in der Zwischenwelt, wo er sich sehr alleine fühlte. Walter war ein ehemaliger Nachbar von Paulas Verwandten und sah, dass Paula schon anderen Seelen einen „festen Wohnsitz" gab. So beschloss auch er bei Paula zu bleiben und besetzte sie. Arme Paula.

Gebet

Geliebter Gottvater, Jesus, Heiliger Geist, Mutter Maria, Erzengel, ich bitte euch um eure Hilfe! Diese armen Seelen Klara, Walter, Anton und Patrizia in der Zwischenwelt zu suchen, damit wir sie ins Licht führen können in die Ewige Glückseligkeit nach Hause zu Gottvater.

Und auch alle im Zwischenbereich lebende Seelen, die in Verbindung mit diesen Seelen, Menschen und Tierseelen stehen, werden mit eurer Hilfe und des Erzengels Michael und Tausenden anderer Helferengel ins LICHT geführt. Jede Seele im Zwischenbereich, die jemals in aller Zeit diesen Seelen begegnet ist, mit ihnen verwandt ist oder sie auch nur den kleinsten Augenblick gesehen oder berührt haben, ALLE diese Tausende Seelen werden gefunden und ins LICHT geführt!!!!! Ich danke dir, Gottvater, Jesus, Erzengel Michael und allen Helferengeln und Geistführern für eure wunderbare göttliche Hilfe!!!! Ich vergebe ihnen und ich vergebe mir, Gottvater vergib uns!!! AMEN, AMEN, AMEN!!!!!

Peters Schicksal, geb. 10.07.1888

Peter konnte weder lesen noch schreiben und wuchs in ärmlichen Verhältnissen auf. Ein kaltes Zuhause mit vielen Geschwistern und einer sehr strengen Mutter, ohne Liebe, aber „Zucht und Ordnung". Er war kränklich und unterernährt. Mit 12 Jahren arbeitete er wie ein erwachsener Mann auf einem Bauernhof, wo Hopfen angepflanzt wurde. Er bekam dort genug zu essen und wurde stark. Mit etwa 16 Jahren zog er weg in die Französische Schweiz, ins Waadtland zu einem Weinbauern. Dort gefiel es ihm sehr gut, er lernte Französisch und wuchs zu einem starken, schönen Mann heran. Der Weinbergbesitzer wollte ihn mit seiner Tochter verheiraten, Peter war ein lieber, gelehriger und tüchtiger Mann. Wenn jedoch eine Frau Peter zu nahe kam, bekam er Panik und wollte nichts von Heirat wissen … Seine Mutter und seine Kindheit waren noch zu nah.

Der Weingutbesitzer musste sich eingestehen, dass es keinen Sinn hatte, auf diesen Schwiegersohn zu warten! So gab er Peter eine Adresse von einem Freund im Burgund, wo er auf dessen Weingut arbeiten konnte. Peter packte seine sieben Sachen und machte sich auf den Weg nach Frankreich ins Burgund. Im Burgund gefiel es ihm so gut, dass er dort 10 Jahre blieb – unverheiratet und ohne Liebschaften. Er hatte dort mit dieser Familie und den vielen Angestellten seine Familie gefunden und war glücklich.

Erst als ihn die Nachricht vom Tod seiner Mutter erreichte, machte er sich auf den Weg zurück in die Schweiz.

Wenig später lernte er seine Frau kennen, sie war seiner Mutter sehr ähnlich. Sie bekamen Kinder und das meiste lief genauso ab, wie früher in seiner Kindheit. Peter war ein sehr liebenswürdiger und gütiger Mann, wurde aber von seiner Frau kurzgehalten. Er sehnte sich nach Frankreich. Selten durfte er auf den Markt, um Schuhe, Seile etc. zu kaufen. Dies war seine kleine Freiheit.

Eines Tages ging er nach Eschholzmatt, um ein Kalb zu verkaufen. Ein Bauer bot ihm einen guten Preis, er handelte gut. Nun besaß er auf einmal viel Geld und Peter nahm sich in einer Pension ein kleines Zimmer und wollte ein paar Tage eine „Auszeit" genießen. An einem Abend im Wirtshaus trank er genüsslich seinen Lieblingswein, den Burgunder. Andere sahen dies und passten ihn später vor dem Wirtshaus ab und wollten ihm sein Geld stehlen.

Doch Peter wehrte sich sehr, es gab eine wüste Prügelei. Peter sank bewusstlos zu Boden. Die drei Diebe hatten nun sein Geld, aber erschraken nun doch sehr, sie glaubten Peter sei tot. In ihrer Angst und ihrem Schock beschlossen sie, Peter mit einem Karren weit weg an einen fernen Ort zu karren, um ihn in den Fluss zu werfen, um keine Spuren zu hinterlassen. Doch Peter war nur bewusstlos, er ertrank dann im Bach und glitt in die Zwischenwelt.

Ich finde ihn immer noch in einem Schockzustand. Zusammen mit Erzengel Michael wecken wir ihn. Einen sehr dankbaren und sehr liebenswürdigen Peter führen wir nun glücklich ins Licht!!!

Willi, der Atheist

Willi war ein Kunde bei mir in der Fußpflege, aber auch ein lieber Freund. Wir kannten uns viele Jahre. Er war auf den Aleuten-Inseln in Alaska Holzfäller und hatte nicht gerade ein Zuckerwatteleben. Seine Schwester und ich hätten ihm gerne von Gott und Jesus erzählt, aber er blockte immer vehement ab und erklärte: „Es gibt nichts nach dem Tod und basta! Ich will von euch nichts hören, das alles ist nur bla, bla, bla!!!“

Ich erzählte ihm einmal, dass ich die Aufgabe hätte, Seelen von der Zwischenwelt ins Licht nach Hause zu führen. Er schaute mich an, als ob ich verrückt sei. Klar, dass ich dieses Thema nie mehr erwähnte!

Willi ist mit 88 Jahren verstorben.

Natürlich machte ich mich sofort zusammen mit Erzengel Michael auf die Suche nach seiner Seele. Wir fanden ihn ganz alleine in einem kauernden Schlafzustand. Er glaubte ja, dass es nach dem Tod nichts mehr gibt, also gab es für ihn auch nichts mehr!! Ich tippte ihm von hinten auf die Schulter, einmal, zweimal ... dann schaute er auf und nach hinten, wer da wohl tippte … und sah mich! „Was machst denn du da?“ war alles, was er sagen konnte. Ich erklärte ihm, dass ich doch versprochen hätte, ihn zu suchen, um ihn zu Gottvater ins Licht zu führen, wenn er verstorben sei. Er war ganz der „Alte“, mürrisch und sehr skeptisch. Er schaute nicht ins Licht, auch als ich ihm sagte, dass seine Eltern auf ihn warten. Es brauchte meine ganze Überredungskunst und Geduld. Erst als seine Großmutter aus dem

Lichtschein trat und mir zuraunte, ich solle sie namentlich erwähnen, kam Bewegung in die Geschichte. Als ich Willi dann sagte, dass seine Großmutter da sei und auf ihn warte, strahlte er übers ganze Gesicht, drehte sich um und strahlte seiner Großmutter ins Gesicht. Zusammen mit ihr und seinen lieben Ahnen schwebte er endlich ins göttliche Licht!

Nun geht es ihm gut und sein erstauntes Gesicht, als ich ihn gefunden habe, werde ich nie vergessen. Ich habe mich köstlich amüsiert!!

Eine Vision, ein himmlischer Auftrag

Sektenführer

Ich lernte eine junge Frau kennen. Daraufhin hatte ich diese Vision:

Sie fragte mich, ob ich zu ihrem Familienoberhaupt kommen könne, weil er nicht wolle, dass sie tanzen ging. Ich sagte: „Ja, klar komme ich zu dir nach Hause und spreche mit ihm."

Also ging ich in dieses Dorf, zu diesem Haus und klingelte. Meine Bekannte öffnete mir die Tür dieses alten, verwinkelten Hauses mit einem langen Flur und vielen Zimmer in 3–4 Stockwerken. Ich musste meine Schuhe ausziehen, aber der Boden und alles ringsum war sehr schmutzig. Es grauste mir, mit Socken dort zu laufen. Ich passte gut auf, wo ich meine Füße aufsetzte. Wir gingen von Zimmer zu Zimmer und überall waren Frauen in eher altertümlichen Röcken und Schürzen beim Stricken, Gemüseputzen, Nähen etc. und viele Kinder waren dort in jedem Alter, von Säuglingen bis Teenager, jedoch keine Männer.

Die ganzen Räumlichkeiten und die Atmosphäre war düster und für mich komisch und bedrückend. Ich fragte meine Bekannte, wo denn nun das Familienoberhaupt sei? Sie sagte, das Mittagessen sei bald fertig, dann werde sie ihn rufen, aber vorher könne ich einen Augenblick zu ihm. Als ich dann in ein Zimmer geheißen wurde, saß ein ca. 65-jähriger Mann, eher hager, sein Gesicht mit tiefen Furchen durchzogen, mit etwas struppigen, aufstehenden Haaren auf einem Stuhl. Seine Augen stachen hervor und durchbohrten mich mit seinem Blick. Er gab mir seine Hand zum Gruß. Sein Händedruck war sehr stark und ich schaute ihm standhaft in die Augen. Dann sagte er: „Ich habe nicht gerne, wenn meine Tochter Tanzen geht und anschließend mit euch allen am Stammtisch sitzt und eventuell noch Alkohol trinkt!“ Er wollte von mir das Versprechen, dass ich sie beschütze und zu ihr schaue, dass sie „brav“ bleibt! Ich antwortete ihm, dass ich nach ihr schauen würde. „So und nun ist das Mittagessen fertig, du kannst wieder gehen.“

Ich gab ihm die Hand zum Abschied, er schaute mir so tief in die Augen und ich in seine und erschauderte heftig. Ich lief durch die dreckigen Dielen, putzte meine Socken, zog meine Schuhe an und so schnell ich konnte schloss ich diese Tür hinter mir und lief weg. Da endete meine Vision!!

So fragte ich nun meine Geistführer und Engel, wer das war und warum ich diese Vision denn bekommen hatte? Er war Sektenführer und ist mit 94 Jahren in die geistige Welt gegangen. Ich googelte diesen Mann, denn ich kannte ihn nicht. Und da – er war es tatsächlich! Genauso wie in meiner Vision, nur jünger. Was sollte ich mit ihm? So einer ist für mich wahrlich ein Teufel, brrrrrr.

Bitte, lieber himmlischer Vater und Jesus, was soll ich mit dieser Vision machen? Was habe ich für eine Aufgabe mit dem da? Die Engel sagen mir klar und deutlich, dass ich diesen Auftrag bekomme, um diesen Frauen und Kindern zu helfen, ins Licht zu gehen, denn dieser Sektenführer versklavt diese armen Seelen immer noch und sie dürfen nicht ins Licht gehen!!!

Zusammen mit Erzengel Michael spreche ich sofort mit diesen armen Frauen und Kindern, und sie gehen unglaublich schnell und sehr glücklich mit vielen Engeln ins himmlische Licht! Wunderschön! Danke,

Gottvater, Jesus und Erzengel Michael, für eure Vision und Hilfe, dass ich helfen durfte!

Hingegen ist der Sektenführer stinksauer auf mich, er hat keine Sklavinnen mehr. Er ahnt ungefähr, dass er sehr vielen Seelen Leid angetan hat, und weigert sich daher, auch ins Licht zu gehen. Ihm würde es gefallen, noch Hunderte von Jahren Sklavenhalter und Diktator zu sein!

So arbeite ich jeden Tag mit dieser armen Seele und bitte im Gebet um göttliche Hilfe, weil ich nicht weiß, wie ich mit ihm arbeiten soll. Es kam der Hinweis, ihn um Verzeihung zu bitten, weil ich als Kind viel über ihn gespottet hatte. Es gab viele brutale Witze, die ich auch weitererzählt hatte, ohne zu wissen, was für eine schreckliche Wahrheit dahintersteckte. Also bitte ich ihn um Verzeihung. Er schaut mich komisch und fragend an. Ich bin bei ihm in der Zwischenwelt und sehe alles.

Immer wieder sage ich: „Bitte verzeih mir, bitte verzeih mir … Damals besaß er eine Villa, wo ich aufgewachsen bin. Das riesige Grundstück war mit 2 Meter hohen Zäunen oben mit Stacheldraht und Videoüberwachung bestückt, wie eine Festung. Und das schon in den 60iger Jahren. So eine „Geheimniskrämerei“ schürte schon unsere kindliche Fantasie!!! Plötzlich kommen sehr viele Seelen von den Zwischenwelten und vom

Licht zu uns in dieses alte düstere Haus, und alle sagen sie: „Ich bitte dich um Verzeihung, ich bitte dich um Verzeihung, ich bitte dich um Verzeihung.“ Hunderte Seelen sind nun hier und alle sprechen diese Worte in einem Chor, während sie langsam um den Sektenführer herumlaufen. Tausende wunderschöne Engel erhellen das düstere Haus und bei jeder Verzeihung wird es heller, unsere göttlichen Helfer sind überall und bei jeder Seele!

Meine göttlichen Helfer sagen mir, dass dies dem Sektenführer hilft, seine schlechten Taten einzusehen und auch er um Verzeihung bitten kann und auch sich selbst verzeiht.

Anmerkung

Er wird durch unsere Verzeihungen und Liebe wie „weichgeklopft“. Und damit kann er seine Taten sehen und seine „Opfer“ auch um Verzeihung bitten und irgendwann die Erlösung finden und ins Licht gehen.

Seit Stunden laufen die Seelen um ihn herum und das kann noch Tage oder Wochen dauern. Zum Glück habe ich wunderbare himmlische Helfer, ich bin nur eine Vermittlerin. Ich schreibe weiter, sobald es etwas Neues gibt!

Seit vielen Tagen wandern ununterbrochen Hunderte von Seelen und Helferengeln um den Sektenführer herum, es werden immer mehr. Er sitzt auf einem einfachen Holzstuhl. Er ist nun in sich gesunken, Tränen laufen ihm übers Gesicht, langsam „dämmert“ ihm, was da abgeht, und er kommt langsam zur Erkenntnis.

Wochen später bittet er um Verzeihung, ja, er fleht um Verzeihung! Die Seelen der Menschen und auch die der Tiere, die hier versammelt sind, verzeihen ihm! Es ist auch für mich eine unglaubliche Geschichte und auch unglaublich wichtig für uns alle, DIE VERZEIHUNG!

Das Geheimnis der Rosalie Wenger, 19.07.1848

Ich „sehe“ diese kleine ältere Frau mit Rock und Schürze, einem Bürtzi (Haarknoten) aus dunklen Haaren in der Alphütte meiner Freunde stehen. Ganz verlegen hält sie ein kleines Handtäschli in den Händen und dreht nervös an den kleinen runden Bügeln. Sie sagt, sie habe um die Ecken vernommen, dass ich heute hier sei und ihr helfen könne, darum sei sie mit den Feriengästen in deren Auto gestiegen um auf diese Alp zu kommen! Ich finde das schon witzig, dass Geister nicht schweben, sondern ein Auto benutzen ... Sie war nie verheiratet und hatte keinen Mann.

„Was hast du mit meiner Freundin zu tun?“

„Ich trage ein Geheimnis in meiner Handtasche“

„Was für ein Geheimnis?“

„Ich bekam ein Kind von meinem Schwager … Puuuh, jetzt ist es draußen … Niemand wusste davon! Ich ging in ein Kloster und gebar das Kindlein und ließ es bei den Nonnen.“

In ihrer Handtasche hat sie den Geburtsschein von ihrem Sohn. Sie sucht ihn immer noch.

„Wie heißt dein Sohn?“

„Eduard!“

Sie weiß aber nicht, ob er diesen Namen behalten hat, er wurde zur Adoption freigegeben. Sie hat ihren Sohn nie mehr gesehen. Die Geburtspapiere drückte ihr eine mitfühlende Nonne in die Hand. Diesen Geburtsschein, ihren Schatz, trug sie ihr Leben lang mit sich, als einen Teil ihres Babys, und sie trägt ihn noch heute bei sich in der Zwischenwelt.

„Was hat diese Geschichte mit meiner Freundin zu tun?“

„Eduard ist ein Urgroßonkel.“ Sie hat jedes mögliche „Bätzi“ auf die Seite gelegt für ihren Sohn, sie wollte ihm ein schönes, sorgenfreies Leben ohne Geldsorgen ermöglichen, auch wenn sie ihn nicht mehr zurücknehmen konnte.

Die andere Frage: Warum steckte die Nonne ihr den Geburtsschein in die Hand? Die Nonnen haben den kleinen Jungen als Bastard erstochen und in unheiliger Erde verscharrt! Darum hat die eine mitfühlende Nonne der armen Mutter den Geburtsschein ausgehändigt, niemand brauchte ihn, niemand erfuhr jemals von diesem Büblein!

Ojeee, arme Rosalie.

„Lieber Erzengel Michael, ich bitte dich, bring mir bitte diese Nonnen, damit wir ihnen verzeihen können und dass sie sich selbst verzeihen und ins Licht gehen können, zusammen mit Rosalie! Der kleine Eduard ist zum Glück schon lange im Licht und in seiner weiteren Entwicklung!"

Oh, jetzt bringen mir die Engel diese Nonnen. Es ist sehr traurig, sie zu sehen. Sie kriechen auf dem Boden und kommen in tiefem Kummer und Elend zu mir. „Ich bitte euch, ihr Nonnen, bittet Rosalie um Verzeihung und alle die anderen Mütter und ihre Babys, was ihr ihnen angetan habt! Gottvater hat euch trotz allem lieb und hat euch verziehen. Bittet Gott, dass ihr die Kraft habt, euch selber zu verzeihen, und wieder aufrecht laufen und zu euren lieben Ahnen ins Licht gehen könnt.

Anmerkung

Die Nonnen wissen, dass sie Unrecht getan haben, und glaubten, dass sie nicht würdig seien, ins Licht zu Gottvater und Jesus zu gehen.

Ich habe da noch eine Frage an Rosalie:

„Wo hast du deinen Schatz vergraben? Nun kannst du es mir verraten, da du doch weißt, dass Eduard im Licht ist und du schon lange gestorben bist."

„Der Schatz ist neben einem Rosskastanienbaum vergraben."

„Wo steht der Baum?"

„Meine Ahnen wissen, wo der Baum steht."

Jetzt bitte ich die Tausende Engel zusammen mit Erzengel Michael, alle Seelen, die jemals mit diesen Nonnen in Berührung kamen oder Verwandte sind, in den Zwischenwelten zu suchen, aufzuwecken und ALLE ins göttliche Licht zu führen!

Gutsherrscherin im früheren Leben und ihre Besetzungen

„Guten Tag, Elisabeth, darf ich mich zu dir setzen?"

„Ja, gerne. Ich bin froh, wenn du für mich Zeit hast. Meine Seele schreit nach Hilfe."

„Wi dat lief die er helfen? [Wie kann ich dir helfen?]“

Stille …

„Ich bin hier, um dir zu helfen. Wie kann ich dir helfen?“

Andere Frage: „Geht es dir gut?“

„Körperlich gesehen nicht. Seelisch gesehen – in diesem Leben trage ich sehr viel Karma ab, und darum geht es der Seele gut. Dem Ego und meinem Körper geht es schlecht.“

Es fällt mir gerade sehr schwer zu glauben, dass es ihrer Seele gutgeht. Aber ich schreibe Wort für Wort auf, wie sie es mir sagt.

„Kannst du dir verzeihen? Von aufgeladener Schuld aus deinen Vorleben?“

„Nein! Ich finde selber abscheulich, was ich getan habe.“

„Liebe Elisabeth, du bist eine wunderbare Seele und wir alle haben auch schlimme Sachen gemacht in unseren Vorleben. Daran wachsen wir auch. Ich bitte dich, liebe dich selbst und verzeihe dir!“

„Wo soll ich bloß anfangen?“

„Ich helfe dir. Fange an, indem du dich in deine Arme nimmst. Wiege dich in Gedanken hin und her, das tröstet dich! Du arme verletzte Seele! Du streichelst deine Wangen, Kopf, Arme, Beine, Bauch, drückst dich ganz fest. Und sagst dir immer wieder: Liebe Elisabeth, ich liebe mich, ich liebe mich!!!

Ich singe dir ein Lied des Trostes: Heile, heile Säge drei Tag Räge, drei Tag Sunneschyn, jetz tuets dr Elisabeth nümm so weh! Ich singe dir dieses Lied ganz oft, damit du Heilung erfährst und dich lieben kannst."

„Es tut so gut, dass ich weinen muss."

„Ich bitte dich, öffne dein versteinertes Herz und lasse deine und unsere Liebe fließen. Bitte vertraue mir, alles wird gut.

Weißt du, dass du sehr geliebt wirst von deiner ganzen Familie?"

„Nein, das glaube ich nicht."

„Öffne dein Herz und du spürst ihre Liebe! Sie verstehen dich nicht und trotzdem lieben sie dich!"

„Ich spüre Wärme."

„Judihui!!!!! Dein Herz geht auf, wie eine Rosenknospe, sooo schön! Danke für dein Vertrauen!"

*

Jetzt sprechen Elisabeths Seelenbesetzungen! Zuerst kam alles wirr durcheinander, ich musste die Seelen organisieren, und jede kann eine nach der anderen sprechen!

Es sind sieben Fremdseelen plus deren Astralwesen-Besetzungen! Es ist eine ganze Familie!

Wie diese Seelen mir erzählen, geschah etwas Ungutes in einem von Elisabeths Vorleben. Diese Familie konnte ohne Verzeihung und „Gutmachung" von Elisabeth nicht ins göttliche Licht, sie waren und sind in der Zwischenwelt.

Als sich dann Elisabeth wieder inkarnierte, besetzten sie diese von deren Geburt an. Elisabeths Seele wusste, was sie in diesem Leben erwartete!

Ich bete und bitte diese Familie, Elisabeth zu verzeihen und ins himmlische Licht zu gehen, viele Engel seien da, um sie zu begleiten!

Nächster Morgen.

Ich erwache früh und bete sofort um eine riesige Delegation göttlicher Hilfe und Schutz für mich!

Ich rede mit den Seelen. Elisabeths kleiner Bruder ist da und einfach bei seiner Schwester, um mit ihr zusammen Erfahrungen zu „sammeln". Er schadete ihr nie, er ist sehr schüchtern und lieb. Er hat eine wundervolle Seele. Ich sage ihm nun, dass er zu seinen Ahnen in den Himmel gehen dürfe, seine irdische Aufgabe sei nun abgeschlossen! Er geht mit seinem Schutzengel an der Hand ins Licht!

Ich kehre zum Gnusch (Durcheinander) zurück und überschaue die Lage.

Es sind 8 Seelen und ihre Besetzungen.

Ich rufe alle himmlischen Mächte um Hilfe – ich brauche alle!

Zuerst erblicke ich Elisabeth. Auf ihrem Rücken bis zum Nacken hockt ein „Riesenvieh" – ein Höllenhund. Er fletscht die Zähne und der Geifer trieft ihm aus dem Schlund – schreckliche, grausige tausend gelbe, dreckige Zähne. Ich gehe zu ihm, und in diesem Moment bekomme ich unglaubliche Kräfte. Ich packe ihn am Schlafittchen und halte ihn mit gestrecktem Arm von mir weg und reiße ihn von Elisabeth fort. Ich hülle ihn augenblicklich in göttliches Licht und plötzlich geschieht etwas Unglaubliches. Er „verpufft" vor unseren Augen zu nichts! Nicht ein Stäubchen fällt auf den Boden, nichts ist geblieben, Gottvaters Liebe hat ihn aufgelöst!! Weg ist er. Einen riesigen Dank an alle geistigen Helfer, aber das war erst der Anfang!

In meiner göttlich diamantenbesetzten Ritterrüstung, mit Schild und Schwert geschützt mache ich weiter. Die arme Elisabeth hat noch viele dämonische Wesen an sich. Ich entferne eines nach dem anderen, reiße sie aus wie Zecken, grauslige Ungeheuer. Alle hülle ich in Gottes Licht und sie lösen sich auf, wunderbar! Der Körper und die Seele sind nun frei von besetzenden Seelen, Astralenergien und Dämonen! Nun kommt die Zeit, in der Elisabeth sich verzeihen und lieben darf.

Ihr Schutzengel nimmt sie in den Arm und umhüllt sie mit göttlicher Liebe, dass sie geschützt ist und die Liebe spürt und ihr Herz sich öffnen kann.

Ich muss und will nicht wissen, was sie mit dieser Familie zu tun hatte. Urteilen sollte keiner, denn alle waren wir mal junge Seelen, alle waren oder sind wir mal Täter oder Opfer. Und durch diese Erfahrungen können wir weise werden und erfahren, dass die Liebe das Größte ist!

*

Ich werde gestärkt mit einem göttlichen hellen Strahl, ich stelle mich darunter und tanke Energie, wie unter einer Dusche! Danke, ich brauche viel Energie und extrem viel Stärke, um diese Besetzungen abzulösen, und auch für den Grund ihres Bleibens. Sie möchten mir erzählen und die unerledigten Sachen aufräumen!

Als Nächstes ist eine junge Frau bei mir, sie ist die Mutter der Familie.

„Wie heißt du?“

„Ich heiße Mathilde, alle nenne mich Thilde.“

„Geht es dir gut, nun, da du weißt, wo du bist und dass die Erlösung bald da ist?“

„Ja, ich bin dir sehr dankbar für deine Hilfe, aus dieser unglücklichen Sache rauszukommen! Am Anfang, wollten wir Elisabeth ja auch besetzen. Es war unser Plan, bei ihr zu bleiben, damit sie an meiner Familie wiedergutmachen kann, was sie angerichtet hat!“

„Dann lief alles aus dem Ruder und die Dämonen und Astralwesen kamen noch dazu?“

„Ja, genau. Wir waren so verstrickt, und in unserer Wut auf Elisabeth wollten wir sie nicht loslassen. Wir wollten ihr dasselbe antun, was sie uns angetan hat!“

„Ich verstehe euch. Ihr habt noch dasselbe Denken, als ihr gestorben seid, ihr wolltet Rache! Und was ist dabei herausgekommen? Unglaublich Schlimmes und euer Schuss ging nach hinten los!! Ihr habt euch selber sehr geschadet. Ich bitte dich, verzeih Frau Elisabeth für das, was sie euch angetan hat, und verzeih dir und liebe dich. Dann ist der Weg frei, um in den Himmel zu gehen. Schau, Erzengel Michael kommt dich abholen! Im Licht wirst du sehr glücklich und erlöst sein!“

„Danke für deine Hilfe.“

„Möchtest du mir noch etwas erzählen?“

„Ich weiß nicht, wie lange wir schon in den Zwischenwelten stecken.“

„Wann wurdest du geboren?“

„1632, im April.“

„Das ist sehr lange her, wir haben das Jahr 2017.“

„Es wird mir nun ganz leicht im Gemüt und fröhlich. So etwas Wunderschönes habe ich schon sehr lange nicht mehr gefühlt, es ist himmlisch! Ich gehe nun zu meinen Ahnen, die uns so lange immer wieder rufen! Ohh, wie schön! Danke, Marianne!“

„Ich bin nur Vermittlerin, ohne die göttliche Hilfe könnte ich nichts ausrichten. Ich bin sehr glücklich, dass du nun der Elisabeth verziehen hast und du glücklich ins Licht gehen kannst! So unendlich beschwingt …!“

Jetzt folgt meine Arbeit mit ihren zurückgelassenen astral-dämonischen Besetzungen. Ich habe sie ihnen alle abgenommen und in eine Lichtkugel gebannt. Nun nehme ich die Kugel in meine Hände, halte sie in die Höhe und bitte Gottvater, diese in Liebe aufzulösen. Und … alles, was bleibt, ist Licht und Liebe!

*

Jetzt erscheint der Vater. Er ist nicht groß, eher schmächtig, hält seinen Kopf gesenkt und dreht den Hut in den Händen.

„Hallo, wie heißt du?“

„Ich, ich bi bin der Josef, alle nennen mich Seppu.“

„Danke, Josef, ich nenne dich gerne bei deinem schönen Namen. Möchtest du mir erzählen, warum ihr bei Elisabeth seid?“

„Ja, es sollte aufgeräumt werden, schon lange, aber wir wussten nicht wie. Danke, dass du nun gekommen bist.“

„Wir fangen am besten am Anfang an. So, wie ich das ‚sehe‘, seid ihr Angestellte auf dem Gut von Elisabeth in England gewesen. Ist das richtig?“

„Ja, wir waren Angestellte bei Elisabeth und ihrem Mann auf ihrem riesigen Gut. Wir waren ein paar Hundert Angestellte und hatten weit weg vom Gut unser Angestelltendorf. Wir alle haben hart gearbeitet auf den Feldern, in den Ställen und Kohleminen. Der Gutsherr schickte immer nach dem Doktor, wenn jemand im Dorf ihn brauchte. Aber sie war der Teufel auf Erden, alles für uns war ihr zu teuer, ihr war es egal, ob wir starben und krepierten. Sie sagte oft, sie vermehren sich wie die Ratten! Und das so laut, dass die Angestellten es hörten!

Der Gutsherr selber war sehr anständig zu uns und schaute gut nach uns. Im Geheimen brachte er oft ganze Fuhrwerke voll Getreide zu uns, für jede Familie. Er schaute auch, dass unsere Häuschen trocken waren und die Dächer dicht, sonst brachte er uns Material, um sie zu flicken oder neu zu decken. Er schickte Gemüsegärtner und unsere Frauen mussten Pflanzungen anlegen, damit wir alle auch genug Gemüse hatten. Mit ihm hatten wir ein gutes und anständiges Leben.

Die Tragödie war leider, dass er noch ziemlich jung bei einem Jagdunfall gestorben ist. Dann regierte Elisabeth. Unser Getreide wurde gekürzt, die Planzungen durften nicht mehr bebaut werden. Unsere Alten starben zuerst, sie bekamen nicht mehr genug zu essen, wir alle nicht! Die kleinen Kinder, die schwächer und schwächer wurden, sind gestorben. Frau Elisabeth ließ immer seltener einen Arzt kommen. Sie wurde herrisch und böse. Unsere kleine Tochter, unser Sonnenschein, wurde schwer krank. Mein 11-jähriger Junge holte Hilfe im Gutshaus, aber leider schrie sie ihn nur an, dass er verschwinden solle und es ihr egal sei, ob unsere kleine Emmeli sterben würde!

In nur wenigen Jahren sind alle unsere Kinder gestorben, dann meine Frau aus Kummer. Ich war nur noch wütend auf diese Elisabeth. So wütend! Ich wollte sie erstechen! Die Dame ritt manchmal aus und so harrte ich tagelang am selben Versteck aus.

Und so geschah es. Sie kam eines Tages natürlich in Begleitung geritten, ich stürmte aus dem Versteck, packte sie und stieß mein Messer in ihren Körper! Sofort packten mich die begleitenden Soldaten und erschlugen mich. Das ist unsere traurige Wahrheit!"

„Oh, das tut mir sehr leid, lieber Josef, bitte verzeih trotzdem der Frau Elisabeth und bitte verzeih dir selber. Nur so könnt ihr alle glücklich zu euren Ahnen ins Licht gehen! Bitte! Es geht nun schon Hunderte von Jahren so. Das reicht wirklich! Frau E. hat ihre ganze Schuld abgetragen. Sie ist damals nicht gestorben, hatte nur eine kleine Wunde und herrschte noch viele Jahrzehnte auf ihrem Gut!"

„Ja, du hast recht und wir haben ja auf diese Erlösung gewartet. Lieber Gott und Jesus Christus, ich bitte euch um Hilfe, damit ich mir meinen Hass und die Tat verzeihen kann! Liebe Frau Elisabeth, bitte verzeihen Sie mir! Ich verzeihe mir, Amen und Danke für alle eure Hilfe!"

„Die liebe Frau Elisabeth verzeiht dir mit Gottes Hilfe aus ganzem Herzen!"

„Lieber Erzengel Raphael, bitte heile Josefs Wunden, damit er heil mit Erzengel Michael ins göttliche Licht gehen darf."

Wir verabschieden uns, er geht nun glücklich und beschwingt mit Michael ins Licht! Ohh, ich liebe meine Arbeit als Vermittlerin zwischen den Welten!

Ich spreche zu den Kindern:

„Ihr lieben Kinder, ihr seid einfach bei euren Eltern geblieben. Kommt, wir bitten Gott um Hilfe, damit ihr verzeihen könnt, was euch angetan wurde! Lieber Gottvater, nimm diese armen Seelen und führe sie zu dir in den Himmel."

Elisabeths Besetzungen lösen sich sofort in Licht und Liebe auf!

Starker Geruch in meiner Wohnstube

Ich komme von draußen in die Stube und es stinkt, als ob ich in einem Stall stehen würde! Ich begriff sofort und sagte: „Hallo?" – Ah, das kennt er nicht. Ich weiß, es ist ein Mann, also sagte ich: „Grüß Gott."

Er antwortet: „Grüß Gott."

„Was möchtest du von mir?"

„Ich habe gehört, du kannst mir und meinen Freunden helfen?"

„Ja, ich kann euch sicher helfen, ihr seid noch in den Zwischenwelten."

„Wo bin ich? Was ist das?"

„Das ist da, wo du jetzt bist, und du darfst mir gerne deine Lebensgeschichte erzählen und dann mit Erzengel Michael in den Himmel gehen."

„Du sprichst vom Himmel?"

„Ja, dort, wo auch du hingehörst und glücklich bist."

„Ich darf nicht in den Himmel. Ich bin ein schlechter Mensch."

„Wie heißt du?"

„Heinrich, genannt Heiri. Es sind viele da."

„Du, Heiri, bist der Sprecher? Wie viele seid ihr?"

Sie können nicht zählen, aber viele sind es. Jetzt kann jeder zu mir kommen und seinen Namen nennen. Alle sprechen durcheinander und sagen, wie froh sie seien, dass sie bei mir sein dürfen und ich ihnen helfen könne.

Jetzt kommen sie und stellen sich vor: Hans, Fritz, Ernst, Kobi, Peter (der Geruch ist so intensiv, dass ich die Fenster öffnen muss), Sophia, Jakob, Elise, Heiri, Sepp. Einer kommt und dreht seinen Hut in den Händen und schaut auf den Boden.

Ich frage ihn: „Wie heißt du?“

Er schaut mir nun direkt in die Augen. Er hat ein sehr liebes und sensibles Gesicht und schöne braune Augen. Er ist noch sehr jung, ca. 30 Jahre, und heißt August. Ich sage ihm, er solle keine Angst vor mir haben, ich wolle ihm helfen.

„Gehe nun zu den anderen, die mir ihren Namen bereits gesagt haben. Wie heißt der Nächste?“

Da erscheint ein Mann und schaut mich sehr skeptisch an.

„Ich heiße Anton.“

Es kommen immer mehr: Friedhelm, Bertha mit einem Baby, Horst, Pierre, Hektor, Johannes, Barbara, Sepp – er starb an Pocken. Es stehen noch viele Seelen da, die an Pocken gestorben sind. Sie sind in Tücher gehüllt und verstecken ihre Wunden.

Ich bitte nun Erzengel Raphael, die armen Seelen zu heilen, damit sie mich anschauen können und sich nicht mehr verstecken hinter den Tüchern. Erzengel Raphael ist da! In meinem Stübli heilt er nun alle Kranken und sie werden vor meinen Augen zu wunderschönen Menschen mit glatter Haut, sehr viele sind sehr jung. Und der Gestank ist weg!! Die einen haben schwarze Haare und dunkelbraune Augen. Franzosen, Österreicher,

Rumänen, Polen, Italiener, Niederländer und noch viele Nationen mehr, die in Kriegen gestorben sind.

Erzengel Raphael heilt sie alle durch eine Berührung und Erzengel Michael und viele Engel begleiten nun die Seelen in den Himmel zur Erlösung und zu ihrer weiteren Entwicklung! Danke von Herzen, liebster Erzengel Raphael und Michael und allen göttlichen Helfern, dass wir diese Seelen nach „Hause“ bringen durften!

Nun kann die Arbeit mit den zurückgebliebenen Seelen beginnen. Solche, die noch etwas zu erledigen oder keine Selbstliebe haben.

Ich fange mit Heiri an.

Ich bin im Entlebuch geboren am 12.11.1630, mein Vater war Handelsmann und ritt oft nach Luzern. Er handelte mit Stoffen, Kaffee, Tee und Gewürzen. Manchmal brachte er uns ganz spezielle Sachen aus dem Orient oder Asien mit und erzählte uns die Geschichten dazu.

Ich wuchs daher sehr weltoffen auf und wollte in die Welt hinaus, um alles selber zu erleben und zu schmecken! Also lernte ich Kaufmann bei meinem Vater. Unser Nachname war Knechtli, mein Vater hieß Johannes. Nach der Ausbildung ging ich nach Genua und heuerte auf einem Schiff an, um Matrose zu lernen. Ich fuhr über viele Meere und in viele spannende Länder mit ihren Kulturen und Menschen. Ich handelte vor allem mit Perlen und Bernstein und einigen Gewürzen und Stoffen. Ich lernte wunderschöne Frauen kennen und war wohlhabend.

Ich war ein Freigeist und wollte keine Frau heiraten, sondern frei bleiben."

„Dein Leben war vielseitig und wunderbar, aber wo ist der Haken?"

„Aha ... Ja ... eigentlich habe ich Riesenblödsinn gemacht, darum bin ich ja hier, um aufzuräumen."

„O. k. ich höre."

Für Seelen aus der Zwischenwelt ist es genauso schwer „aufzuräumen" wie für uns.

„Ja, da gab es eine wunderschöne Frau in Malaga. Sie war sehr in mich verliebt und wartete stets auf mich, bekochte und verwöhnte mich. Ich mochte sie auch, aber heiraten und meine Freiheit aufgeben kam für mich nicht infrage! Dann wurde sie von mir schwanger."

„Wie hieß sie?"

„Margaritha Espagnol."

„Ein sehr schöner Name."

„Ja, sie war eine wunderbare Frau und ihre Familie erwartete von mir, dass ich sie heirate. Sie kam aus sehr reichem Haus königlicher Abstammung. Für sie und ihre Familie war es eine riesige Schmach, ein uneheliches Kind zur Welt zu bringen! Ich fuhr mit einem Schiff weg und kehrte nie mehr zurück. Von Handelsleuten erfuhr ich, dass sie sich mit ihrem ungeborenen Kind umgebracht hatte. Sie erhängte sich.

Ihre Familie war untröstlich und verfluchte mich aufs Schlimmste. Mein Leben änderte sich. Ich war traurig und wütend auf mich, dass ich so egoistisch war. Kurze Zeit später kenterte unser Schiff, die ganze Besatzung ertrank. Durch den Fluch konnte ich nicht ins Licht gehen, dunkle dämonische Gestalten hielten mich gefangen. Flüche wirken stark. Bis dass die Engel mich nun abholten und zu dir brachten."

„Bitte Margaritha und deine Tochter aus tiefstem Herzen um Verzeihung. Ich verzeihe dir auch. Jetzt kommen deine Frau und Tochter aus dem Licht und holen dich ab, auch sie haben dir verziehen!"

Oh, ich liebe diese Happy Ends! Nach Hunderten von Jahren! Die Verzeihung ist das Wichtigste und man kann nur verzeihen, wenn man sich selbst und die Nächsten liebt! Die Liebe ist das Größte!

Jetzt kommt Sepp

„Ich bin 1803 in Sursee auf die Welt gekommen und hatte 6 Geschwister, mein Vater war Schneider. Dann brachen die Pocken aus und Vater nähte Tag und Nacht Totenhemden, bis auch er krank wurde und wir alle mit ihm. Die Pocken haben meine ganze Familie getötet!"

„Erzähl mir Näheres von dieser schlimmen Krankheit, wie hast du alles erlebt?"

„Wir wohnten im Dorf, und als Kinder fanden wir das noch so spannend. Endlich mal etwas Neues. Abends riefen die Leute, alle sollten in den Häusern bleiben, und wenn es finster wurde, trugen sie die Leichen auf Holzbrettern hinaus. Sie luden sie auf Karren und karrten sie davon. Wenn wir ‚Gofen' einen Blick auf die Toten erhaschen konnten, packte uns schon das Grauen. Die sahen schrecklich aus! Ihre Gesichter waren ganz entstellt. Wo vorher noch schöne Menschen waren, waren jetzt nur noch grauenvolle Gestalten! Die Hände schwarz und buckelig, wie von innen aufgefressen. Wir ‚Gofen' dachten nie daran, dass es uns auch packen könnte. Wir hatten keine Angst, unsere Eltern auch kaum, sonst hätten sie uns doch auf den Bauernhof zu den Großeltern gebracht? Diese Gedanken habe ich oft! Ich mache ihnen jedoch keine Vorwürfe, es kam wie es kommen musste. Aber jetzt sind meine Geschwister und ich in dieser Zwischenwelt und können nicht ins Licht."

„Ich will euch helfen und schauen, warum ihr nicht ins Licht könnt. Eure Eltern, Großeltern mit den Verwandten schauen vom Licht her auf euch, rufen und beten für euch und möchten euch zu sich holen. Was stimmt hier nicht? Was hält euch zurück? Erzengel Raphael kommt und heilt euch, jetzt seht ihr wunderschön und gesund aus! Sepp (12), Sophia (8), Emmelie (7), Jakob (5), Marie (2) und ein Neugeborenes, das noch keinen Namen hat und noch nicht getauft wurde."

Für Gott spielt dies keine Rolle. Er liebt jede Seele genau gleich, ob in anderen Religionen, gläubig oder nicht. Jede Seele ist im himmlischen Licht bei unserem Himmelvater willkommen!

„Aha, jetzt bekomme ich Klarheit. Eure Eltern sind sehr religiös, katholisch, und so verhindern sie, die eigenen Eltern, ihren Kindern den Zugang ins Licht. Das neugeborene Baby, das aus der todkranken Mutter kam und keinen Namen hat und ungetauft ist, hat kein Recht, in den Himmel zu kommen! So verrückt!!!! Gottvater liebt uns ALLE!!!!"

Was aber an dieser Geschichte von der Zwischenwelt so schön ist: Alle Kinder hielten zu ihrem neugeborenen Brüderlein und blieben bei ihm in der Zwischenwelt, sie ließen es nicht alleine! Oh, wie schön! Das ist so rührend und wunderbar, das ist wahre Liebe!

„Ihr lieben Kinder, welchen Namen möchtet ihr eurem Brüderchen geben?“

„Er soll den Namen Johannes so wie der Täufer bekommen und damit ist er für unsere Eltern wie getauft!“

„Wie weise ihr seid! Das ist ein wunderschöner Name!“

Nun gibt es eine wunderbare Zeremonie, wie die Engel den kleinen Johannes zu Jesus bringen, und alle Kinder gehen mit Jesus, Erzengel Michael, Daniel, Gabriel und Raphael ins göttliche Licht! Danke, dass ich dies als Seherin miterleben durfte, einfach himmlisch.

Bertha mit Baby

„Grüß dich, liebe Bertha mit deinem Kindlein, von wo kommst du?“

„Ich komme von Basel an der deutschen Grenze, ich wurde 1914 geboren. Ich war mit einem schönen und lieben Mann verlobt, dann kam der Krieg und alles war anders. Mein zukünftiger Mann musste in die Armee an die Grenze, ich wohnte noch zu Hause bei meinen Eltern. Dann kam es, dass ich mich in einen deutschen

Flüchtling verliebte, den ich im Wald gefunden hatte. Ich brachte ihm heimlich Kleidung und Essen und wurde von ihm schwanger. Da es das Schlimmste überhaupt war, sich mit dem Feind einzulassen, erzählte ich allen, er habe mich vergewaltigt. Meinen Eltern erzählte ich eine wilde Geschichte und hatte keine Ahnung, was für Folgen das haben könnte, ich Dummerchen! Sie zeigten ihn an! Der Suchtrupp hat den Nichtsahnenden gefunden und auf der Stelle erschossen! Ich bin schuld an seinem Tod, ich liebte ihn und war zu feige, um zu ihm zu stehen und die Wahrheit zu sagen! Mein Herz blutet!"

„Was passierte dann?"

„Meine Familie und mein zukünftiger Mann trösteten mich wegen der Vergewaltigung. Ich müsse vor diesem schlechten Mann keine Angst mehr haben, er sei ja nun tot! Er habe seine gerechte Strafe erhalten und wenn der ‚Balg' auf die Welt käme, machen sie mit ihm dasselbe. Dann werde geheiratet und alles sei wie NIE gewesen!"

„Ach, wie schlimm, ich bin voller Mitgefühl."

„Alle schimpfen immer wieder über meinen geliebten Otto. Keiner Menschenseele darf ich die Wahrheit erzählen. Mein Baby wuchs in mir heran, ich streichelte es und nannte es heimlich mein Ottilein. Ich wusste nur, wenn sie mir mein Ottilein töten würden, wollte ich auch nicht mehr leben. Ich war ja schon schuld am Tod seines Vaters!"

„Was hast du gemacht?"

Stille …

„Ich packte heimlich meine Sachen, nur wenige, und floh!"

„Hast du einen Abschiedsbrief geschrieben?"

„Ja, nur, dass ich so nicht leben will. Meine Familie und Verlobter dachten dann, ich hätte mich umgebracht, das tut mir leid für sie. Ich bitte sie um Verzeihung! Ich lief – es war ja Krieg – Richtung Süden in den Tessin oder Graubünden, einfach weit weg!

In der Nähe von Kriens war ein Armenhaus. Dort fand ich Arbeit, Unterkunft und Nahrung. Ottilia kam zur Welt und konnte bei mir bleiben und später auch dort in die Schule gehen. Sie wurde eine große, schöne Frau, heiratete und hatte eine Familie.

Ich jedoch wollte mein Herz nie mehr verschenken, ich konnte mir einfach nicht verzeihen, dass ich nicht zu meiner großen Liebe gestanden habe und Otto meinetwegen getötet wurde. Ich arbeitete bis zu meinem Tod in diesem Armenhaus."

„Bitte, liebe Bertha, verzeih dir und den Tätern, dann kommt deine Selbstliebe und du kannst ganz leicht mit den Engeln in den Himmel gehen!“

„Erzengel Raphael und Michael führen sie zusammen ins Licht zu ihrem Otto!

„Otto? Ich dachte, du wärst im Licht?“

„Nein, ich war immer bei Bertha, ich habe sie und unsere Ottilein nie verlassen!!“

„Aber dieser Verrat muss ja schrecklich gewesen sein!?“

„Ja, natürlich. Als mich diese aufgebrachte Männermeute gesucht und in meinem Versteck mit Hunden gefunden hat … es war schrecklich! In ihren Augen war ich ja ein Frauenschänder und Vergewaltiger!

Zuerst hatte ich ja keine Ahnung, warum sie auf mich spuckten, schlugen und traten. Dann schrien sie: ‚Tötet den Frauenschänder unter Qualen!‘ Dann verstand ich langsam, um was es ging! Ich bin dann an meinen Verletzungen gestorben, meinen Leichnam verscharrten sie im Wald. Als Geist war ich bei Bertha und motivierte sie dazu wegzulaufen, nicht dass sie auch noch unser kleines Ottilein töteten! Meine Liebste hat alles richtig getan! Ich verzeihe ihr und verstehe, warum sie so gehandelt hat in der Situation, wie sie war!“

Die Engel begleiten nun Otto ins Licht zu seiner Liebsten! So schön, ich genieße es!

Horst, der verfolgte Hugenotte

„Hallo, Horst, wo wurdest du geboren?“

„Ich bin in Schlesien geboren worden und komme aus gutem Haus.“ Er erscheint im Anzug und Zylinder.

„Was möchtest du mir erzählen? Du darfst aber auch sofort zu deinen lieben Ahnen ins Licht gehen, ganz wie du möchtest!“

„Danke für deine Hilfe, Marianne. Ich warte schon viele Jahre auf dich. Wir alle haben gesehen, wie du auf die Welt kamst und eine Frau geworden bist! Wir wussten, dass du kommst, um uns allen zu helfen, aus den Zwischenwelten ins Licht zu gehen!“

„Ach wirklich? Danke! So, das wart ihr also, die mir Angst gemacht habt im dunkeln Schlafzimmer unter meinem Bett, im Keller und sonst noch an vielen Orten?“

„Das tut uns leid, wir wollten dich nicht ängstigen. Im Gegenteil, wir beschützten dich, dass dir ja nichts passiert, wir möchten ja, dass du uns rettest!“

„Aha … das war aber nicht ganz einfach für euch und die Engel?“

„Nein, gar nicht!“

„Danke euch allen. Ich habe diese Gabe als Gottesgeschenk erhalten und will euch allen helfen – ein Geben und Nehmen! Ich liebe es, euch zu helfen, aber ich brauche auch eure Hilfe. Wenn ihr im Licht seid, bitte ich um weitere Wegbegleitung, damit ich geschützt bin. Danke! So, nun wieder zu dir. Was möchtest du erzählen?“

„Es ist sehr schwierig. Unsere Familie waren Hugenotten. Ich wurde 1603 geboren und später wurden wir verfolgt und viele von uns getötet. Ich und meine Schwester flohen in die Schweiz, meine Schwester starb kurz darauf an Keuchhusten. Bevor sie starb, sagte sie mir, sie komme sicher nicht in den Himmel, sie sei eine Sünderin. Und deswegen bin ich, als ich gestorben bin, auch nicht ins Licht gegangen. Ich wollte sie suchen und aus der Hölle retten! Aber ich finde sie nicht.“

Geliebte Engelhelfer Gottes, ihr findet jede Seele in der Zwischenwelt. Ich bitte euch, findet die Schwester von Horst. Sie heißt Edeltraut!

Es dauert nicht lang und die Engel kommen mit einer kleinen, feinen und mageren Frau in einem dünnen Kleidchen. Ihre Haare sind lang und strähnig, sie ist wie in einem Koma. Ich rufe sie bei ihrem Namen, immer wieder Edeltraut … Langsam hebt sie ihren Kopf und schaut mich mit leeren Augen an. Ich sage zu ihr: „Schau, da ist dein Bruder, er hat dich gesucht und nicht gefunden. Jetzt hat er mich gebeten, dich zu suchen, um in den Himmel zu gehen!"

Endlich strahlen ihre Augen. Zuerst nur zaghaft, aber als sie die Engel und ihren Bruder erblickt, strahlt sie wie die Sonne! Erzengel Raphael kommt, um sie zu heilen. Nun sieht sie wunderschön aus. Ich bedanke mich bei ihr, dass ich sie kennenlernen durfte und nun helfen darf. Die Engel kommen und nehmen beide an der Hand und schweben ins Licht, Horst mit Anzug und Zylinder! Danke, dass ich eine Lichtarbeiterin sein darf!

August und der Fluch

Ein jung verstorbener Mann, ca. 18-jährig, er wurde im August geboren, darum heißt er auch so.

„Wo bist du geboren?" Pause. „Warum sprichst du nicht? Du brauchst keine Angst vor mir zu haben, ich bin da, um dir zu helfen." Er schaut mich mit elend traurigen Augen an. Ich sehe seinen Schmerz, er muss Furchtbares durchgemacht haben!

Ich sage zu ihm: „Komm, setz dich zu mir. Schau, da sind noch Hunde und Katzen. Sie fühlen sich wohl in meiner Stube. Bitte beruhige dich, kraule die Tiere, es wird dich beruhigen."

Ich bin ja so gespannt und auch traurig, was da gleich aus ihm ausbricht. Längere Pause … Ich werde sehr, sehr müde. Ich brauche viel Energie und dann fängt er an zu erzählen.

„Ich bin in den italienischen Alpen geboren worden. Wir waren sehr viele Kinder. Ein Hausierer kam, gab meinen Eltern Lebensmittel etc. und er nahm mich in einem Bündel gewickelt mit. Der Hausierer brachte mich zu einem älteren Ehepaar, die keine Kinder hatten. Ich wuchs sehr streng erzogen in einem besseren Hause auf. Als ich sieben Jahre alt war, verkauften sie mich an einen Kinderhändler und so kam ich zu einem Kaminfegermeister.

Ich musste den reichen Leuten die Kamine entrußen und durch die Kamine klettern. Es war eine sehr grauselige Arbeit, denn manchmal brannte im Kamin noch das Feuer und wir verbrannten unsere Finger. Der Meister schlug uns täglich mit seinem Gürtel oder Stock windelweich.“

„Warum?“

„Er brauchte keinen Grund. Ich glaube, weil er mit seinem Gewissen nicht klarkam. Als ich 18 war, war ich zu groß für die engen Kamine, obschon ich sehr klein und dünn war. Also musste ich die vielen Bürsten und Geräte auf die hohen Dächer schleppen. Es war nass, ich rutschte aus und fiel vom Dach auf das Pflaster.“

„Oje, du Armer, aber warum bist du nicht ins Licht gegangen?“

„Mein Meister und andere Schaulustige verfluchten mich, weil ich nicht aufgepasst hatte. Dämonische Wesen halten mich nun seit 300 Jahren fest, ich muss ihnen dienen, sie halten mich fest, ich bin ihr Sklave!“

„Ohhh nein!!! Du armer August, ich liebe dich und Gottvater liebt dich auch sehr! Wir lösen nun diese Dämonen im göttlichen Licht auf. Bitte verzeih deiner Mutter, sie hatte, aus ihrer Sicht keine andere Wahl, als dich wegzugeben. Sie liebt dich! Und du, mein lieber August, schau dich um, so viele Engel in wunderschönen Gewändern. Erzengel Raphael heilt dich und Michael nimmt dich an der Hand und führt dich ins Licht zu deinen Ahnen!

Und alle, alle deine Ahnen und Urahnen und alle jene, die mit ihnen oder dir in Kontakt gestanden haben, holen nun die vielen Tausend Engel, um diese Tausende von Seelen zu erlösen und in den Himmel zu führen! Gott segne euch, in Liebe!“

*

Jetzt werde ich unglaublich müde und muss eine „nuki“ machen. Ich habe eine reingeistige Arbeit, die mich nach ein paar Stunden extrem ermüdet. Dann muss ich mich ausruhen, um weitermachen zu können. Die Engel gehen mit mir in alle Zwischenwelten tief hinein, um jede wunderbare Seele zu finden.

In meiner Arbeit brauche ich sehr viel Schutz. Die göttliche Welt und die Geistführer beschützen mich unglaublich, ich liebe sie und bin ihnen sehr dankbar!

Vampire

Es ist Sonntagmorgen, eine Frau ruft mich an und ist sehr aufgebracht. Sie erzählt mir eine unglaubliche Geschichte über Vampire!! Sie erzählt, diese seien sehr gefährlich und dass ich schon in größter Gefahr sei, wenn sie mir dies erzähle!

Mh … aber sicher gibt es Vampire, von woher kommen sonst die ganzen Geschichten und Filme? Aber hier? Bei mir? Ich denke schon: „Geht es dieser lieben Frau gut? Entschuldigung, ich meine dies nicht negativ. Sorry, liebe Frau!“ Ich werde nun plötzlich mit dieser Geschichte überrannt und muss meine Gedanken ordnen. Die arme Frau sagt, sie könne das keinem Menschen erzählen, denn alle würden denken, sie sei verrückt. Sie habe auch schon andere Medien kontaktiert, aber leider wäre keine/r stark genug gewesen, ihr zu helfen.

Ich frage meine Geistführer im Stillen. Ja, diese arme Frau werde sehr verfolgt von Vampiren, die ihr Haus wollen, um Rituale durchzuführen. Sie lebe in großer Angst und kann es niemandem erzählen. Ihr Neffe sei auch in größter Gefahr!

Ich verspreche ihr sofortige Hilfe und muss nach diesem Telefonat erst einmal meditieren. Ich bete um Tausende von Beschützer aus der geistigen Welt und auch meine Freundin, eine sehr starke Schamanin, ist sofort zur Stelle! Ich erfahre, dass ein verstorbener Onkel dieser Frau sich mit einer Vampirin in der Zwischenwelt paarte. Diese Vermischung ist sehr gefährlich und sie will tatsächlich sein ehemaliges Haus besetzen, um grausige Rituale durchzuführen. Darum wollen sie die arme Frau rausekeln. Sie töten Menschen und Tiere. Da sind wir aber wieder einmal unglaublich dankbar für unseren alltäglichen Schutz von Gottvater, den Engeln und der ganzen geistigen Welt!!!

Wir bereiten uns mit Millionen Engeln und Geistführern, bewaffnet mit Schwertern und Schilden, auf diesen Kampf vor. Die Engel suchen den Kampfplatz aus, strategisch genial!

Zwei Wochen dauert die Vorbereitung, das wird ein Kampf gegen das Böse und für die göttliche Liebe! Wir sprechen eine andere Sprache, die die Vampire nicht verstehen können. Eine Woche extreme Vorbereitung, die Erzengel und ihre Helfer organisieren alles und planen ins kleinste Detail.

Dann kommt das Wochenende, an dem der Kampf beginnt. Die Engel ziehen mir meine Rüstung an, ich bekomme mein Schwert und Schild. Ich fliege im Kreis der Engel in das Kampfgebiet.

Als ich dann mit meiner diamantenbesetzten Ritterrüstung mit Schwert und Schild in dieses Gebiet komme, bin ich überwältigt! Millionen Engel sind mit ihren Waffen dort. Diese Waffen sind nicht zum Töten, nein, jeder getroffene Vampir löst sich auf, bis seine ursprüngliche Seele wieder rein ist und er ins göttliche Licht gehen kann!! Das ist Liebe!!!

Der Kampf dauert zwei Tage und alle auf Erden lebenden Vampire und auch deren Mischlinge sind nun im göttlichen Licht und können keinen Schaden mehr anrichten! Das heißt aber nicht, dass es auf keinem Planeten mehr Vampire gibt. Wir Menschen dürfen Liebe senden, damit solche Kreaturen keine Chance haben zu überleben!

Wow, ich hätte nicht geglaubt, dass es so viele Dimensionen, so viele Wesen und auch sehr viele gute Wesenheiten gibt und sicher noch x-mal mehr.

Die Frau ruft mich später an und sagt, ich sei das stärkste Medium, das sie kenne, und sie habe schon einige engagiert, aber solche Kräfte habe sie noch nie erlebt.

Mein Ratschlag für sie ist, dass sie das Haus ausräumen und alle alten Gegenstände verbrennen solle, denn an den Gegenständen hänge noch diese Energie und könnte neue Energie produzieren! Alles verbrennen!

Die Frau ist überglücklich über diesen Riesenerfolg, und hat mich finanziell auch unterstützt, wofür ich ihr sehr dankbar bin.

Kontakt mit Elisie

Elisie kam mit einer schweren Hutte (Tragekorb) zu mir. Sie trug dicke Röcke, schwere Schuhe, einen Wanderstab und einen großen Filzhut.

„Grüß dich, wer bist du?“

„Ich bin Elisie und eine Hausiererin. Darf ich mich bei dir ein wenig ausruhen?“

„Sehr gerne, setz dich zu mir. Nimmst du einen Tee oder Kaffee?“

„Sehr gerne nehme ich einen Tee mit dir.“

Wir setzten uns zusammen vor die Hütte, sie stellte den schweren Tragekorb und Stab in eine Ecke und zog den Hut ab. Ich kochte uns Brägel mit wildem Spinat,

Zwiebeln mit einer Milchsoße und Tee. Nach dem Essen hielt und drehte sie ihre Tasse und kaute auf einem Güetzi herum.

„Liebe Elisie, von wo kommst du?"

„Geboren wurde ich unten im Dörfli Zwischenflüh. In der Geissegg hatten wir ein Weidhüttli, auf die Alp gingen wir zu anderen Bauern auf die Rinderalp. Wir nahmen unser Viehzeug mit, arbeiteten bei den Bauern und dafür bekamen wir Obdach und der Vater ein kleines Löhndli. Wir waren arme Leute."

„Wann wurdest du geboren?"

„Vor langer Zeit, wir hatten keine Schule. Als ich groß war, kam eine Hausiererin vorbei, um ihre Ware zu verkaufen. Sie blieb zum Mittagessen, wie meistens, und sagte dann, ihr Körper schmerze immer mehr, sie könne ihre Hutte fast nicht mehr tragen, sie wäre froh, wenn sie Hilfe bekäme, und sah mich an! Sofort gefiel mir diese Idee unglaublich gut! Was für eine neue Perspektive für mein Leben! Ich packte so schnell, wie es ging, mein ‚Pünteli' und sagte, ich sei reisefertig!

Meine Eltern waren froh, einen Mund weniger am Tisch zu haben. Ich band mein ‚Pünteli' an die Hutte der Anna und schulterte sie. Dann marschierten wir zusammen von Haus zu Haus. Wir verkauften gut, denn ich war eine gute Krämerfrau und lernte bei Ännele auch Zahlen zusammenzählen und ein wenig Schreiben. Oft musste ich zweimal in der Woche nach Thun oder Spiez laufen, um neue Ware einzukaufen. Ich liebte meine Arbeit und wir verstanden uns gut! Ännele wurde älter und gebrechlicher, ich schaute zu ihr und pflegte sie, bis sie gestorben ist."

„Das ist wunderschön, du hattest ein gutes und spannendes Leben. Erzähl mir bitte eine Geschichte, da ist sicher ein ‚Haken' dabei. Warum bist du nicht im himmlischen Licht!? Das ist ällwä dieselbe Geschichte, die dich noch plagt? Oder?"

„Ja, eben. Das war so: Ich lernte von meinen Kunden viel übers Leben und die Kräuterkunde von der Ännele, als sie noch unter uns war. Ich habe geholfen, was ich vermochte, bei Fieber, Furunkel, wenn Kinder kamen und vieles mehr. Wir hatten keinen Arzt, der nächste war in Wimmis. Diemtigtaler und Simmentaler kamen zu mir oder riefen nach mir, sie wussten von meinen Salben, Tinkturen, Tees, Ölen und Heilkräften.

Ich legte jeweils meine Hände auf die kranken Stellen und betete. Ich merkte instinktiv, das hilft. Ich wusste nichts von Erzengel Raphael und allem andern, ich holte die Kraft in der Natur bei den Ahornen und gab diese meinen Patienten weiter. Ich war sehr glücklich in meinem Leben und liebte alle Menschen sehr. Bei einer Hebamme durfte ich lernen, wie ich der werdenden Mutter bei der Geburt helfen konnte. Die Menschen schätzten mich und ich hatte ein ausgefülltes, gut angesehenes Leben."

„Das ist ein wunderbares Leben, das du gelebt hast und in dem du so vielen Menschen und Tieren geholfen hast! Und wo ist der Haken?"

„Ja, das war so … Meinen Namen kannten sie sogar in Bern, ohne dass ich dies gewusst hatte. So ließ mich eines Tages ein Adeliger mit seiner Pferdekutsche abholen, weil seine über alles geliebte Tochter sehr krank war und kein Arzt in Bern und Umgebung helfen konnte. Ich fühlte mich geehrt, aber ich hätte es besser nicht getan! Ich wurde in diese riesige Herrschaftsvilla gebracht und direkt zu dem 7-jährigen sehr kranken Mädchen Rosalia geführt. Sie lag ganz nass und sehr schwach in diesem riesigen Bett. So etwas hatte ich meiner Lebtage noch nie gesehen! Als ich aus dem Staunen rauskam, verlangte ich sofort heißes Wasser und grobes Leinen. Diesem Mädchen musste ich mal die Blutzirkulation anregen, die Arme war mehr tot als lebendig. Ich wusch sie ganz zart von unten nach oben, dem Herzen zu. Sie hatte keine Muskeln, sie konnte ihre Arme nicht mehr selber heben, sie war Haut und Knochen.

Ich fragte ihre Mutter, was sie zu essen bekam. Diese berichtete mir, dass Rosalie bis vor zwei Jahren ganz normal alles gegessen habe, dann sei sie immer schwächer geworden, weil sie so appetitlos war. Jeden bekannten Arzt hatten sie schon holen lassen und jeder diagnostizierte eine andere Krankheit. Sie verschrieben Pillen, Tinkturen, Blutegel, Schröpfen, Umschläge – nichts half, das Mädchen wurde immer schwächer. Dann erfuhren sie von mir und nun hatten sie große Hoffnung, dass ich helfen könne.“

*

Diese Geschichte ging nun schon zwei Tage lang. Elisie hatte immer noch sehr viel Mühe, darüber zu sprechen.

„So, nun haben wir wieder einen Tee. Bitte erzähl weiter, du Liebes. Ich helfe dir zu verzeihen und sende dir so viel göttliche Liebe, wie du brauchst, um weiter zu erzählen.“

„Danke dir, ich habe lange auf dich gewartet wie viele andere auch. Wir wussten, dass du kommst und uns armen Seelen helfen kannst!

Nun ja, ich hatte das Gefühl, dass bei Rosalie, das Lebenslichtlein ausgeht, sie wurde immer schwächer. Da war etwas in ihr, wie ein Ding, das sie von innen aufgefressen hat!“

„Oh, wie traurig! Du wusstest, was es war, aber konntest ihr nicht mehr helfen, es war zu spät?“

„Ja, so ungefähr, wir sagten alle so was wie Schwindsucht. Heute kennt ihr die Krankheiten beim Namen, aber eigentlich ist es dasselbe – der Körper schwindet dahin! Ihr habt Medikamente für diese Krankheiten, so leben die Körper länger."

„Ja, das stimmt."

„Also starb das arme Mädchen in meinen Armen. Ich betete für sie, da kam auch noch der Pfarrer ins Zimmer. Um die Geschichte nicht noch länger zu machen – ich kam wegen Hexerei nach Burgdorf in den Schlosskerker und wurde wie du auf dem Chnubel als Hexe verbrannt! Ich konnte kein Licht sehen, ich war wie gelähmt und bin es immer noch! Ich konnte nie darüber sprechen oder gar verzeihen!"

„Ja, das war eine sehr schlimme Zeit für uns Heilerinnen und Heiler. Auch Männer wurden verbrannt, die Mönche waren geschützt. Bitte Elisie, verzeih deinen Peinigern, denn sie wussten nicht, was sie taten! Vergebung ist der Schlüssel, um in den Himmel zu kommen und in deine Weiterentwicklung!"

Elisie stellt sehr abrupt ihre schwere Hutte bei mir ab, umarmte mich und ging nun mit Erzengel Michael und vielen Helferengeln zu ihren Ahnen ins Licht! Gott sei Dank!

Ich bitte nun die Engel und alle, die mit Elisie verwandt, bekannt sind oder die sie geheilt hat oder sie auch nur einen Augenblick gesehen haben und noch nicht im Licht sind, ALLE diese Seelen zu finden und ins Licht zu begleiten! Amen und Gottvater sei Dank! Die Liebe gewinnt immer!

Meine geliebten Zwerge

Ich wusste nur, dass es Zwerge gibt, habe aber mit meiner Hellsichtigkeit noch nie einen gesehen.

Da bin ich in einer kalten Winternacht mit meinem Hund durch den Wald gelaufen. Habe wie immer die Bäume vom schweren Schnee abgeschüttelt und sie gesegnet. Ich spreche mit allen Lebewesen und segne jeden Grashalm, Strauch, Baum, jedes Tierchen – einfach alles. Ich bin sehr dankbar für unsere wunderschöne Erde und alle ihre Bewohner. Dann habe ich im Geiste mit den Zwergen Kontakt aufgenommen und sie direkt gefragt, ob ich ihnen etwas schenken dürfe, als Dank, dass ich in ihrem Wald sein durfte. Ich habe oft ein kleines Feuer gemacht, Räucherstäbli entzündet und meditiert. Also wäre es mal an der Zeit, ihnen ein Dankesgeschenk zu bringen!

Da kam sofort der Zwergenanführer und bedankte sich, dass ich mit ihm spreche, und für meine Segnungen und die Liebe für alles und jedes!

Ich war sehr gerührt. Sie haben mich ja immer gesehen und gehört und ich wusste nur, dass sie da waren. Ich spürte ihre Präsenz und die noch vieler Wesenheiten! Ich fühlte mich sehr glücklich!

„Nun, meine geliebten Zwerge, Gnome und Kobolde, was darf ich euch bringen?“

Alle riefen wie auf Kommando: „Haferflocken und Zucker!“

„Ich bin erstaunt, werde euch sehr gerne diesen Wunsch erfüllen.“

Der Sprecher erklärte mir nun, wie es zu diesem Wunsch kam.

Früher haben sie auf den Feldern den Bauern geholfen, sie machten Arzneien, wenn ein Tier oder Mensch krank war. Sie arbeiteten zusammen für die Natur mit der Natur und Mutter Erde. Dafür wurden sie von den lieben Bauern auch mit Respekt behandelt und bekamen ihr Lieblingsessen, Porridge!

„Leider sind diese guten Zeiten lange her, die Menschen wurden immer geiziger und manche stellten uns nichts mehr vor die Tür. Viele wurden arrogant und schickten uns weg. Wir zogen uns in die Wälder, alte unbewohnte Häuser und Berge zurück. Jetzt verstehst du sicher unsere Vorliebe für den guten alten Haferbrei!“

Von diesem Tag an brachte ich ihnen sehr oft Hafer und Zucker mit in den Wald. Am ersten Abend, als ich voll bepackt in den nächtlichen Winterwald stapfte, fragte ich mich in Gedanken, wo ich denn meine Geschenklein hinlegen solle? Sofort kam ein Zwerg und zeigte mir genau, an welcher Tanne oder welchem Gebüsch ich eine Portion hinlegen durfte. So arbeiteten wir zusammen und ich genoss diese Zwiegespräche!

Plötzlich stolperte ich und fiel fast unsanft der Länge nach auf die Nase! Ich wusste genau, dass dies ein Koboldstreich war. Sie lachten mich wegen meiner Tollpatschigkeit aus! Ich musste auch lachen, aber sagte ihnen: „Wenn ihr das noch mal macht, bekommt ihr von mir nie mehr leckere Sachen!"

Jawoll, das saß, sie ließen ihre Streiche nicht mehr an mir aus.

„Ja, ich verstehe euch. Es ist schade, dass die Menschen euch als so fleißige Helfer nicht mehr respektieren. Ihr helft unserer Mutter Erde und damit uns Menschen auch. Was meinst du, kommen wieder bessere Zeiten für uns alle?"

„Ja, es wird die Zeit kommen, wo uns viele Menschen sehen und wir einen respektvollen Umgang und Arbeit miteinander haben werden. Um zu überleben!"

„Ich frage dich lieber nicht, warum und weshalb. Ich möchte lieber im Hier und Jetzt bleiben und von eurem Leben mehr erfahren!“

„Komm, ich lade dich ein in unser Haus, wir zeigen dir, wie wir leben und wohnen.“

Da kommt die Zwergenfrau und sagt: „Komm, ich lade dich in unser Haus ein. Ich möchte dir zeigen, wie wir wohnen.“

Ich schließe meine Augen und tauche in ihre Dimension ein. Sie wohnen unter der großen, mächtigen Tanne, die Hektor heißt.

Ich sehe die schön geschnitzte Haustüre, die die Frau nun öffnet. Sie heißt mich von Herzen willkommen!

„Schau, hier ist unser Eingang, da stellen wir unsere Schuhe hin und hängen unsere Jacken auf. Komm, hier ist mein Reich, meine geliebte Küche!“

„Oh, das ist sehr schön bei euch und alles so wunderbar aus Holz gearbeitet, unglaublich schöne Holzelemente mit Knorpelchen und alles natürlich belassen. Für die Kleiderhaken habt ihr so gewachsene Äste verwendet. Wunderschön! Edel!“

„Danke, Marianne, es freut mich, dass es dir so gut gefällt. Komm, hier sind die Schlafzimmer. Hier sind die Betten übereinander, damit unsere Kinder mehr Platz haben, auch das Babybettchen ist mit so viel

Herzlichkeit gearbeitet. Jedes Bett hat den jeweiligen Kindernamen eingeschnitzt."

Ich bin sprachlos, es ist wieder alles wunderschön gearbeitet mit so viel Liebe zum Detail.

„Und weißt du was? Wir Menschen haben für die Kinder auch oft solche Betten! Ich zeige dir nachher mein Haus."

Sie kochen, waschen, putzen wie wir, aber alles von und mit der Natur, ist ja klar! Die Kinder sind ganz aus dem Häuschen über einen menschlichen Besuch, den sie noch nie hatten. Ich wurde zu Eichel-Kaffee und Kuchen eingeladen. Es schmeckte hervorragend!

Das ganze Zwergendaheim befindet sich unter dieser großen Tanne, wo wir Menschen nur Wurzeln und Erde vermuten. Es gibt so viel mehr, als wir sehen! Die Zwerge werden 120–150 cm groß und können bis 600 Jahre alt werden. Sie sind viel feinstofflicher als wir, darum sehen die meisten Menschen sie nicht. Übrigens, mit ihren pubertierenden Kids haben sie sehr ähnliche Probleme wie wir Menschen.

Eines Tages, ich wollte gerade eine Motorradtour unternehmen, stand der Zwergenmann Edi neben meinem Töff. Er möchte mal mit mir fahren. Ich fragte ihn: „Wo ist deine Frau?"

Er antwortete, sie mache daheim den Haushalt, wie es sich gehöre. Ich war da anderer Meinung und sagte zu ihm, dass die Zwerge noch einiges nachholen könnten in Sachen Emanzipation!

„Entweder darf deine Frau mit auf die Tour kommen oder du bleibst auch zu Hause!“

Nun holte er Bella sofort und wir hatten eine sehr fröhliche Töfftour!

Diese Zwergenfamilie wohnt auf der Schwarzenegg. Sie besuchen mich in meinem Haus und ich sie.

Meine Hütte und die Zwerge

Mein jahrelanger Traum war es, eine „Teilaussteigerin“ zu sein und mit meinen Tieren in der Natur zu leben. Aber leider „tauchte“ ein abgelegenes Häuschen, in dem ich meinen Traum leben konnte, nicht auf, obwohl ich viele Inserate gemacht und im Internet gesucht habe. Kein Erfolg.

Es war ein Pfingstmontag. Ich war mit Freundinnen auf einer Motorradtour. Wir fuhren über den Jaun ins Simmental, es regnete wie aus Kübeln. Auf der Fahrt sinnierte ich meinem Wunschhaus nach, sah diese vielen Hütten und Stäfel im Simmental. Dann sprach ich wirklich eindrücklich mit der geistigen Welt: „So viele Hütten und keine einzige für mich? Das kann ich nicht glauben! Es ist Zeit, ich will in die Stille in die Natur. Wo ist mein Zuhause?“

Nach dieser feuchten Motorradtour schlüpfte ich aus der klebrig nassen Ledermontur und ließ die Badewanne mit heißem Wasser ein, um mich aufzuwärmen! Später in der warmen Kuscheldecke schrieb ich im Internet meine drei süßen Kätzchen aus, die ich vor dem Töten gerettet hatte, um ihnen ein schönes Zuhause zu finden. Und da kam meine Hütte! Wunderschön, ich wusste sofort, das ist sie! Die Lage stimmte, der Preis, die Größe, einfach alles! Zwei Monate später war der große Umzug und alle sind wir glücklich!

Manchmal brauchen wir die richtige Weisheit, Reife, Geduld und bitte nicht nur wünschen, sondern danken für das Richtige, das kommt! Dann passt’ s!

Endlich zog ich in diese wunderbare 309-jährige Weidhütte mit meinen Tieren. Welch ein Glück! Ich konnte es kaum fassen!

Eines Abends saß ich auf dem Sofa und merkte, dass ich nicht alleine war. Jemand berührte mich zärtlich am Rücken.

„Wer ist da?“

„Ich bin der Hausgeist und wohne seit der Erbauung der Hütte hier, sei herzlich willkommen!“

„Oh, das freut mich sehr, so einen lieben und guten Hausgeist zu haben und bei ihm zu wohnen!“

Später stellte sich noch eine Zwergenfamilie mit acht Kindern vor, die ebenfalls in der Hütte wohnen. Also, alleine bin ich nie!!

Am Anfang hatten wir so einige Probleme mit dem TV. Wenn ich im Bett war, schauten die älteren Zwergenkinder Actionfilme in einer Wahnsinnslautstärke und ich hing vor Schreck fast an der Decke. Mein Schlafzimmer ist oben. Wohnstube und altes Haus sind auch nicht gerade schalldicht! Oder wenn ich spätabends nach Hause kam, sah ich von Weitem, dass der Fernseher lief. Da hatte ich am Anfang schon ein wenig Schiss, wer da in meiner Wohnstube saß und TV schaute!

Die Zwerge sind sehr interessiert und schockiert, was auf der Welt der Menschen alles passiert! Also haben wir uns geeinigt, dass wir abends zusammen Fernsehen und ein Programm schauen, das für alle stimmig ist – Tierfilme, Dokus, Kochsendungen und so etwas in der Art. Den Kindern haben wir verboten, Actionfilme zu schauen. Ich verstecke nun jeweils die Fernbedienungen. Es braucht zwei, um alles in Gang zu setzen, und sie haben es trotzdem geschafft! Sehr schlaue Kerlchen!

Ich spreche oft mit den Zwergen und Elementarwesen. Ich bin eins mit der Natur, und mit meinen kleinen Freunden absolut im Einklang. Manchmal trinke ich mit den Zwergen, Gnomen und Kobolden ein Glas Wein oder Bier. Sie nehmen den Geist, die Essenz, aus dem Getränk. Nachher ist er Abfall, und so essen sie auch. Sie fragen die Kräuter, Gemüse etc., ob sie von ihnen die Nahrung entnehmen dürfen, und die Pflanzen geben ihnen genau das, was sie brauchen. Sie heilen die Tiere, Pflanzen und Bäume und würden nie ein beseeltes Wesen essen! Sie haben ihre Tränklein für jedes Leiden und helfen einander. Wenn im Winter die Rehböcke und Hirsche ihre Geweihstangen abwerfen, raspeln sie diese und geben sie der Mutter Erde wieder, damit die Tiere diese Nährstoffe aufnehmen können! Der Kreislauf ist erfüllt! Sie helfen Mutter Erde und den Tieren und Pflanzen unglaublich viel. Ich werde noch viel von ihnen lernen, um es auch euch weiterzugeben!

Die Zwerge schätzen es sehr, wenn ich ihnen eine Schale Haferlocken mit Milch und Zucker auf den Küchentisch stelle, damit ich mich bei ihnen bedanken kann, und sie lieben es! Dafür beschützen sie unser Haus, die Tiere und mich. Es ist ein Geben und Nehmen. Ich fragte Edi, ob sie auch schlafen müssen.

„Ja, wir machen es wie die Wildtiere. Wenn es Tag wird, erwachen wir, und wenn es einnachtet, machen wir Feierabend. Im Winter schlafen wir sehr lange und arbeiten nur das Nötigste. Wie die Natur! Wir erdenken uns einen Ofen mit prasselndem Feuer und so haben wir immer ein warmes Haus! Würdet ihr Manifestieren lernen, bräuchte niemand Holz zu schlagen, um es warm zu haben!“

Bei Sturm oder Erdbeben helfen sie, die Hütte zusammenzuhalten. Ich bin ihnen sehr dankbar und fühle mich beschützt.

Beim Zwergenstein im Mäniggrund – jeder sieht diesen riesigen Findling, aber selten einer spürt die Kraft in ihm –, das ist noch heute der Treffpunkt aller Zwerge im Tal. Die Zwerge helfen Mutter Erde. Bei uns in den Bergen lassen sie die Kristalle wachsen und hüten die Goldvorräte, schauen zu Pilzen und Kräutern. Sie treiben Handel mit den Zwergen im Unterland oder auch dem Ausland, sie „wandern“ mit Gedankenkraft. Sie tauschen Kristalle für Kartoffeln und Gemüse, Stoffe etc.

Ich liebe dieses friedfertige Volk sehr!

Tierkommunikation

Sarina ist eine wunderschöne und sehr scheue Katze. Sie muss aus ihrem Zuhause ausziehen, weil sie sich mit der anderen Katze nicht verträgt. Ihre Menschen bringen sie vier Dörfer weiter an ihren neuen Wohnort. Die Katze wird liebevoll im neuen Haus willkommen geheißen. Doch ein paar Stunden später kann Sarina durch einen Türspalt entwischen und weg ist sie!

Nun ruft mich der neue Besitzer an und fragt mich, ob Sarina eventuell wohl wieder in ihr altes Daheim gelaufen ist? Ich „schaue“ und sehe, dass Sarina nicht weggelaufen ist, sie versteckt sich im nahen Gebüsch und hört die Menschen rufen! Zum Glück geht es ihr gut, sie ist nur verängstigt! Ich sage den neuen Besitzern, sie sollen das Futter mit Wasser vor die Haustüre stellen und Sarina immer wieder rufen, damit sie Vertrauen aufbauen kann! Drei Tage später läuft Sarina alleine durch den Hauseingang in ihr neues Zuhause! Alles ist gut!

Meine Bitte an Sie: Bitte erklären Sie Ihrem Tier, wenn ein Umzug ansteht, Ferien etc. Ihr Liebling versteht Sie! Sonst ist es verwirrt und hat keine Ahnung, um was es geht!

Alter Hund

Eine liebe Frau rief mich an, sie hatte einen sehr alten Hund und wusste nicht, ob sie ihm noch etwas Gutes tat, ihn noch leben zu lassen, oder ob sie ihn einschläfern lassen sollte? Er wollte nur noch neben dem

Haus seine Geschäfte machen und dann zurück in die Wohnung. Die Besitzerin dachte, dass es so kein gesundes Hundeleben mehr sei.

Ich fragte ihren Hund und er sagte lachend: „ Ich genieße jede Minute meines Lebens. Wie die ganze Familie mich verwöhnt, es ist herrlich! Natürlich schmerzen meine Glieder, darum will ich nicht mehr laufen als nötig. Aber sonst bin ich noch nicht bereit zu gehen. Ich liebe es auch, wenn die kleinen Kinder kommen und mich streicheln und mit mir kuscheln! Bitte sag meinem Frauchen, dass der Zeitpunkt kommen wird und sie es genau wissen wird, wann sie mich erlösen darf!“

Das habe ich seinem Frauchen natürlich lachend gerne erzählt und sie genossen noch ihre Zeit zusammen!

Timber

Timber war mein unglaublich toller Hund, der leider an einer Magendrehung verstorben ist. Drei Tage nach seinem Tod machte ich mit einer Kollegin zusammen einen Jenseitskontakt mit ihm an der Planchette, zum Schreiben. Und mein Timi kam und schrieb!!!! Ich kippte fast vom Stuhl!!!

Ich sagte: „Timi, du kannst schreiben???“

Er schrieb: „Im Geiste konnte ich immer lesen und schreiben!“

Meine lieben Leser/innen, ich bitte Sie, unterschätzen Sie nie ein Lebewesen! Grüessli und Danke von meinem Timi, der mich immer begleitet. Jetzt ist er inkarniert und heißt Jamie. Er sieht ähnlich aus wie früher und ist einfach ein Schatz!

Pfeifentabakgeruch

Sonntagnachmittag im Juni, ich sitze vor der Hütte und der Geruch von Pfeifentabak steigt in meine Nase. „Wer ist hier?“ Aha, lustig. Es ist ein Geist, der damals schon erlöst werden wollte, vor 30 Jahren. Jetzt fühlt er sich angesprochen und ich habe in der Zwischenzeit gelernt, ihnen allen zu helfen.

„Wer bist du?“

„Ich war ein großer Geschäftsmann in Thun, mir gehörte die halbe Altstadt.“

„Dann weiß ich, wer du bist, denn ich habe das goldene Armband, das du deiner Frau geschenkt hast. Ich hatte es vor Jahren in einem Basar gekauft.“

„Wie heißt du?“

„Hans Jakob“

„Wann und zu welchem Anlass hast du deiner Frau dieses wunderschöne Armband mit goldenem Fotoalbum geschenkt?“

„Ich liebte meine Frau sehr, konnte ihr dies aber zu wenig zeigen. Also beschenkte ich sie gerne mit speziellen Schmuckstücken. Das Goldarmband mit dem kleinen Fotoalbum schenkte ich ihr zu Weihnachten 1912. Ein junger Goldschmied von Thun hat es gearbeitet.“

„Das ist ein sehr persönliches und wunderschönes Geschenk! Hast du es mir damals vor ca. 30 Jahren geschenkt, weil du Hilfe von mir möchtest?“

„Ja, denn ich wusste, dass du mir und meiner geliebten Frau eines Tages helfen könntest.“

„Danke vielmals! Was darf ich für euch tun?“

„Meine über alles geliebte Frau ist viel zu früh gestorben, sie hatte keinen Lebenswillen mehr, sie war sehr depressiv. Und ich hatte keine Zeit für ihr Gejammere, sie hatte doch alles! Dachte ich! Ich hatte als großer Geschäftsmann alles, was man sich wünschen konnte – Frau, Kinder, viel Geld und Macht. Bis nach Bern reichte meine Macht. Nur meine Frau verstand das nicht, sie konnte das Leben nicht genießen und hat fast nichts mehr gegessen. Dann kam Muskelschwund und mit 45 Jahren eine Lungenentzündung und sie verstarb. Ich war stinksauer und sehr wütend auf sie. Ich habe sie nicht verstanden! Ich stürzte mich noch mehr in die Arbeit, meine Kinder … Ich war so hilflos und überfordert!

Eine Gouvernante kümmerte sich um die Kinder und den Haushalt. Ich verstarb als reicher, verbitterter ‚mächtiger' Mann. Ein Herzinfarkt, sagten sie. Ich begriff lange nicht, dass ich eigentlich tot war, alles ging weiter wie vorher.

Ich war zwar bei ‚meiner' großen Beerdigung, aber ich wusste nicht, dass es sich um meinen Tod handelte." Er schmunzelt ein bisschen. „Viele Jahre später, als meine Tochter verstarb, sah sie mich und kam in meine Arme. Dann sagte sie: ‚Ach, Papa, du bist wie Mama viel zu früh gestorben. Gut, dass ich dich gefunden habe!' Da wusste ich, ich bin tot!

Mit Hilfe meiner Tochter und der Engel gingen wir ins Licht zu unseren Ahnen. Nun suchte ich meine Frau. Leider ist sie nicht im Licht. Mit den Engeln durfte ich in die Dimension, wo meine Frau sich aufhält. Dort ist es grau und bleiern schwer. Sie kauert auf einem Stühlchen und jammert wie früher in ihrem Leben. Ich habe mit ihr gesprochen, sie angefleht, mit uns ins Licht zu kommen, aber sie hört nicht. Dann bin ich mit den Engeln zurück ins Licht gegangen – in meine Weiterentwicklung und wartete auf dich, Marianne! Nun, liebe Marianne, bitte ich dich, mir zu helfen, meine liebe Frau zu finden und ins Licht zu führen, denn dir als Mensch wird sie glauben und du hast eine 100%ige Quote!"

„Danke, lieber Hans Jakob!"

„Darum habe ich dir vor Jahren dieses Armband geschenkt, weil ich wusste – und alle es hier erzählten –, dass du eines Tages so weit entwickelt bist, um die Seelen in den Zwischenwelten zu erlösen und ins Licht zu führen!"

„Wow! Danke für dein Vertrauen. Zusammen mit Gott und den Engeln gehe ich tatsächlich jede Seele suchen und jede bringen wir nach Hause ins Licht! Hundertprozentig!!"

Ich ziehe nun meine wunderschöne diamantene Rüstung mit Schild und Schwert an und gehe mit Erzengel Raphael und Erzengel Michael mit Tausenden Helferengeln in die Zwischenwelten-Höllen, um Elisabeth zu suchen. Ich schließe die Augen und lasse mich führen. Wir sausen durch schlimme Kriegsgebiete. Ich muss meiner Seele dies nicht alles antun und habe daher die Augen fast immer geschlossen. Der Flug wird langsamer und wir landen sanft. Ich öffne die Augen und sehe Elisabeth, genau wie Hans Jakob sie beschrieben hat, trostlos und elend traurig! In ihrer grauen Umgebung. Ringsum stehen elende Hütten und aus diesen kommen viele jämmerliche Seelen und wollen sich an mich klammern. Die Engel sagen ihnen, sie sollen mich in Ruhe lassen, denn ihre Zeit werde auch kommen, aber jetzt sei Elisabeth an der Reihe.

Ich kämpfe mich durch all die armen Seelen und suche Elisabeth auf ihrem Stuhl. Als ich sie finde, spreche ich sie an und bringe ihr Grüße von ihrer Familie und auch von ihrer Tochter! Sie dankt mir ganz höflich und verabschiedet sich von mir, weil sie nichts wert sei. Aber nicht mit mir!

„Liebe Elisabeth, wann hast du die Sonne das letzte Mal gesehen? Die schönen Blumen in deinem Garten? Dein Mann, er liebt dich sehr und sucht dich, auch deine Tochter sucht dich! Deiner Familie und deinen Eltern geht es gut. Schau, sie haben mir ein Zugticket für dich mitgegeben. Damit kannst du zu ihnen ins Licht in den Süden fahren. Dort scheint die Sonne und viele Blumen blühen, Kinder spielen im Wasser! Dort hast du keine Schmerzen mehr, das verspreche ich dir. Siehe, ich habe das goldene Armband von deinem Mann als Beweis!“

Als Elisabeth ihr Armband mit dem Album und den Fotos von ihr und ihrem Mann sieht, laufen Tränen über ihr Gesicht, und sie glaubt und vertraut mir. Ohne Wiederworte nehme ich diese wunderbare schöne Frau an der Hand und drehe mich dem Licht zu. Ich schaue zu allen anderen armen Seelen zurück und rufe, sie sollen alle mit uns kommen. Wir hätten genug „Tickets"!

Die Gesichter fangen an zu strahlen, als zu jeder Seele ein Engel kommt, sie an der Hand nimmt und in unseren Kreis führt.

Ich sage nun zu allen, Gottvater habe euch gesucht und euch gerufen, es werde Zeit für euch alle, nach Hause zu kommen! Die Engel stehen Spalier, um uns zu schützen. Dann übergebe ich die Hand von Elisabeth Erzengel Michael und sage zu Elisabeth: „Auf Wiedersehen, meine Liebe, und grüße deine Familie ganz lieb von mir. Sie lieben dich sehr!"

Michael schwebt mit Elisabeth ins himmlische Licht hinein und Tausende wunderbare Seelen mit ebenso vielen Engeln folgen ihm zu ihrer Erlösung!!!! Ich bin sehr berührt und unglaublich dankbar!

Und wieder komme ich aus dem Staunen fast nicht mehr heraus, das goldene Armband mit dem Fotoalbümlein, das Hans Jakob mir über Umwege geschenkt hat, weil er damals schon wusste, dass ich seiner Frau und vielen anderen helfen kann, erlösen kann!!!! Danke, Hans Jakob!

Ich hatte sehr oft kein Geld und wollte oft dieses Schmuckstück verkaufen, ich brachte es nie übers Herz. Jetzt weiß ich warum!

„Hans Jakob, darf ich zu einem wirklich super guten Preis dieses Schmuckstück verkaufen? Du kannst es ja regeln, dass es wieder in deine Familie kommt. Was meinst du?“

„Liebe Marianne, ich bin dir für ewig sehr dankbar. Das Armband hat seinen Zweck erfüllt und du kannst es für einen wirklich guten Preis verkaufen. Das hast du hundertpro verdient!“

„Danke, Hans Jakob, ich liebe dich und deine Familie sehr, alles Liebe!“

Ein Engel meldet sich

„Hallo, wer ist da und schaukelt wie wild in meiner Hängepflanze?“

Das schaukelnde Wesen: „Ich bin Jasmin und besuche dich. Du hast mich nicht bemerkt, also dachte ich, wenn ich in deiner Pflanze schwinge, siehst du mich!“

„Oh, wie schön! Herzlich willkommen, Jasmin. Freut mich, dass du bei mir bist. Wer bist du?“

„Ich bin ein Engel, der dich ab heute auch noch beschützt. Ich liebe dich und deine Arbeit sehr und begleite dich.“

„Wow, das freut mich sehr, ich kann jeden Schutz gut brauchen. Ich bin sehr glücklich, dass du mich begleitest. Du machst mich sehr glücklich. Du siehst aus wie ein Mädchen mit blond gelocktem wunderschönem Haar. Ist das so?“

„Ja, du hast vorhin meine Bilder und Schwingungen gesehen. Genau so sehe ich aus.“

„Liebe Jasmin, könntest du mir helfen, so schöne dicke Haare zu bekommen, wie du sie hast?“

„Ich helfe dir in allen Angelegenheiten sehr gerne, liebes Änneli.“

„Zeige dich bitte noch einmal, mein Liebes. Ich möchte dich immer wieder in meiner Pflanze schaukeln sehen.“

„Ja, das mache ich jetzt öfter. Gott hat mich zu dir als persönlichen Schutz geschickt!“

Danke, Gottvater, für deine Hilfe, dass du mir zu allen Begleitern auch noch Jasmin geschickt hast! Danke, allen göttlichen Wesen für ihre Hilfe und Unterstützung!

Liebe Leser/innen, ich bitte Sie um ihre Schutzgebete für mich und meine Arbeit, mit ihnen können wir noch mehr Seelen retten und Unglaubliches erreichen! Wir können alle zusammen das positive Gleichgewicht auf der Erde anheben! Wenn all die schlechten Gedanken aus den Zwischenwelten nicht mehr da sind, sind wir Menschen fröhlicher und liebevoller! Also ich bitte Sie noch mal! Beten Sie für mich, meine Familie und

Freunde auf der Erde und in der geistigen Welt und meine Arbeit. Zusammen erreichen wir göttliche Liebe auf der Erde!

DANKE, LIEBE BETERIN UND LIEBER BETER, ICH LIEBE DICH!

***

Kontakt

Marianne Lüscher
Postfach 3
CH - 3756 Zwischenflüh
mariannelüescher@live.com
www.kimama.ch

	Lisa Williams **Was geschieht mit uns, wenn wir sterben** Das Wissen von der anderen Welt 279 S. gebunden..............€ 18,50 ISBN 978-3-941435-23-0
	Bettina Hausmann **Befreiung erdgebundener Seelen** Schuldgefühle und Verstrickungen lösen TB, 128 Seiten...............€ 10,90 ISBN 978-3-946959-03-8
	Friedrich Scholz **Spielregeln des Lebens** 12 Gesetze, die unser Schicksal lenken TB, 167 Seiten.................€ 14,90 ISBN 978-3-941435-16-2
	Penelope Smith **Tiere erzählen vom Tod** Wie Tiere ihr Sterben erleben und den Weg ins Licht finden 200 S. gebunden..............€ 18,50 ISBN 978-3-926388-76-6

	Isha Judd **Die Intelligenz der Liebe** Was die Liebe behindert – Was sie entfesselt – Wie sie das Leben tief verwandelt 199 Seiten, € 18,50 ISBN 978-3-941435-24-7
	Dougan Elgin **Das Lebende Universum** Wer sind wir? Wo stehen wir? Wohin gehen wir? 235 Seiten, € 18,50 ISBN 978-3-941435-04-9
	J. Allen Booney **Die große Gemeinschaft der Schöpfung** Gespräche zwischen Mensch und Tier Geb., 164 S. € 12,90 ISBN 3-946959-21-0